초등학생을 위한
인물 한국사

초등학생을 위한 인물 한국사 ❷

초판 1쇄 발행 · 2013년 12월 15일
개정판 1쇄 발행 · 2024년 5월 8일

글쓴이 · 윤희진
그린이 · 최현묵
발행인 · 이종원
발행처 · 길벗스쿨
출판사 등록일 · 2006년 6월 16일
주소 · 서울시 마포구 월드컵로 10길 56(서교동)
대표전화 · (02)332-0931 | **팩스** · (02)322-3895
홈페이지 · www.gilbutschool.co.kr | **이메일** · gilbut@gilbut.co.kr

기획 · 이효진 | **편집관리** · 김언수 | **제작** · 이준호, 손일순
마케팅 · 지하영 | **영업유통** · 진창섭 | **영업관리** · 정경원 | **독자지원** · 윤정아

표지디자인 · 이현숙 | **본문디자인** · 윤현이 | **정보면그림** · 최미란 | **인쇄 및 제본** · 상지사피앤비

ⓒ 윤희진, 최현묵 2013

잘못 만든 책은 구입한 서점에서 바꿔 드립니다.
이 책은 저작권법에 따라 보호받는 저작물이므로 무단전재와 무단복제를 금합니다.
이 책의 전부 또는 일부를 이용하려면 반드시 사전에 저작권자와 길벗스쿨의 서면 동의를 받아야 합니다.

ISBN 979-11-6406-744-2(74910)
979-11-6406-742-8 SET
(길벗스쿨 도서번호 200425)

제품명 : 초등학생을 위한 인물 한국사 2	주소 : 서울시 마포구 월드컵로 10길 56 (서교동)
제조사명 : 길벗스쿨	전화번호 : 02-332-0931
제조국명 : 대한민국	제조년월 : 판권에 별도 표기
사용연령 : 8세 이상	KC마크는 이 제품이 공통안전기준에 적합하였음을 의미합니다.

초등학생을 위한
인물 한국사

② 고려 견훤~최무선

윤희진 글 최현묵 그림
서울대 뿌리깊은 역사나무 감수

길벗스쿨

감수 · 추천의 글

인물 이야기로
역사 공부를 시작하세요

초등학생 가운데에는 이렇게 묻는 친구들이 많습니다.

"역사가 저에게 무슨 의미가 있나요?"

"역사 드라마나 영화는 재미있는데, 왜 학교 역사책은 재미가 없나요?"

저도 역사를 가르치는 사람입니다만, 이런 질문 앞에서는 말문이 막히곤 합니다. 역사 공부의 의미를 일깨우는 것은 물론, 재미있게 역사를 알려 줄 수만 있다면 얼마나 좋을까요?

그런 가운데 《초등학생을 위한 인물 한국사》를 만나 무척 반가웠습니다.

우선, 딱딱한 역사 사실을 공부하기보다는 인물의 삶을 직접 들여다보며 역사의 흐름을 익히면 역사와 쉽게 친해질 수 있습니다. 초등학교 교과서로 역사를 접하기 전에 미리 《초등학생을 위한 인물 한국사》를 읽으면, 역사 공부에 흥미를 갖는 동시에 한국사의 흐름을 한눈에 파악할 수 있을 것입니다.

그리고 《초등학생을 위한 인물 한국사》는 역사를 바로 보는 힘을 키워 줍니다. 대부분의 위인전들이 인물에 대한 칭찬 일색이라면, 이 책은 인물을 공정하게 바라봅니다. 또 "그 상황 속에 내가 있었다면 어떤 선택을 했을까?" 하고 독자가 스스로 판단해 보도록 유도합니다. 인물과 사건을 바라보면서 생각하는 힘을 키우는 것, 그것이 역사를 공부하는 진정한 의의 아닐까요?

여러분들은 이 책에서 역사 속 인물들을 생생하게 만날 수 있습니다. 그중에는 단군, 세종 같은 위대한 왕도 있지만, 여성·노비·화가 등 보통의 백성이나 사회적 약자들도 있습니다.

이처럼 우리 역사를 이끌어 온 것은 힘 있는 몇몇이 아니라, 자기 자리에서 늘 열심히 살아온 백성들과 다양한 분야에서 활동했던 인물들이지요. 역사에 이름을 남긴 인물들도 따지고 보면 여러분과 크게 다르지 않습니다. 태어날 때부터 비범한 재주를 지녀서 역사에 이름을 남겼다기보다는 꿈을 꾸고, 이를 위해 부지런히 공부하고 일하였기 때문에 지금까지 우리가 기억하는 것입니다.

이 책을 읽으며 한국사를 이끈 인물들이 어떤 꿈을 꾸었는지, 나라와 사회와 인류를 위해 무슨 일을 했는지를 살펴보세요. 자연스레 "나는 앞으로 무슨 일을 하며 세상에 어떻게 이바지할까?"를 되묻게 될 겁니다. 그러는 사이 여러분들도 이웃과 더불어 세상에 이바지하는 어른으로 훌쩍 자라나 있을 것입니다.

'서울대학교 뿌리깊은 역사나무'를 대표하여

김태웅

머리말

옛사람들의 기록을 찾아 해석하며
역사 탐정 놀이를 해 볼까?

역사란 무엇일까? 뭐, 재미없는 암기 과목? 어려운 한자어를 많이 외워야 하는 공부라고?

엄마는 역사란 우리보다 먼저 살았던 사람들의 이야기라고 생각해. 그러니까 가깝게는 아빠의 아버지, 그리고 그 아버지, 또 엄마의 어머니, 그리고 그 어머니……. 이런 분들이 어떻게 살아왔나를 알려 주는 이야기라는 거지. 물론 그분들이 어떻게 살았는지 모두 다 알 수는 없어. 매일 일기처럼 써 둔 기록들이 전하는 것도 아니고.

그런데 이 책에서 다루는 역사 인물인 단군이나 광개토 대왕, 세종 대왕은 오랜 옛날 사람들이긴 하지만 그들에 대한 기록이 남아 있어. 그 기록을 통해 그들과 주변 사람들이 어떻게 살았는지 짐작하고, 또 어떤 일을 겪었는지, 어떤 일을 했는지도 알 수 있는 거야.

그런 이야기를 왜 알아야 하냐고? 생각해 봐. 너도 네가 쓴 옛날 일기장을 다시 들춰 본 적이 있을 거야. 그러면 지금의 네 모습과 비교가 되기도 하고, 반성하는 마음이 생기기도 하지?

마찬가지야. 옛사람들의 삶을 살펴보면서 나라면 어떻게 했을까 생각해 보고, 긴 역사 속의 한 사람으로서 어떻게 살아가야 할지 고민해 보는 것, 그게 역사를 공부하는 진짜 이유 아닐까?

이제부터 우리 역사 속 인물들의 기록을 하나하나 찾아보면서 우리나라 역사 전체의 모습을 완성해 보려 해. 우리 역사 속에는 수많은 인물들이 있지만, 이 다섯 권의 책에서는 교과서에 나와 있는 인물들을 중심으로 단군에서 김구까지 총 58명을 만나 볼 거야.

참, 여기서 역사의 비밀 한 가지! 역사는 오래전에 쓰인 기록을 읽고 그 의미를 따져 보는 학문이야. 그러니 그 기록을 누가 썼고 또 왜 썼는지에 대해서 꼭 생각해 봐야 해. 어떤 의도를 가지고 그 기록을 썼는지 알아야 한다는 거야. 일부러 그 인물에 대해 나쁜 이야기를 쓴 경우도 있고, 또 과장해서 칭찬을 한 경우도 있으니까 탐정처럼 꼼꼼히 잘 살피며 따지자고! 그게 역사를 읽는 또 다른 재미이지.

자, 역사 탐정 놀이를 할 준비가 됐니? 이제 본격적으로 이 땅에 살았던 사람들을 만나러 떠나 볼까?

윤희진

차례

감수·추천의 글
머리말

견훤, 후백제를 세우고 스스로 무너뜨리다 10

궁예, 신라에 버림받고 후고구려를 세우다 22

왕건, 후삼국을 다시 통일하다 34

광종, 고려의 왕권을 튼튼히 하다 44

성종, 유교로 고려의 기반을 단단히 다지다 54

서희, 세 치 혀로 거란을 물리치다 64

김부식, 역사책 《삼국사기》를 짓다 76

만적, 노비의 해방을 외치다 86

배중손, 삼별초를 이끌고 몽골에 맞서다 98

공민왕, 고려의 자주 개혁을 이끌다 110

문익점, 고려에 목화씨를 들여오다 120

최무선, 고려의 최첨단 무기를 개발하다 130

학습 정리 퀴즈 140
찾아보기 146
사진 출처·학습 정리 퀴즈 정답 148

> ◀◀ 🎞 신라는 점점 무너져 내리고 있었다. 왕실이 백성들을 다스릴 힘을 잃자 지방에서 세력을 펼치려는 사람들이 등장했고, 그 속에서 견훤이라는 사람은 새 나라 후백제를 세운다.

견훤,
후백제를 세우고 스스로 무너뜨리다

936년 9월 어느 날, 건너편 언덕에 늘어선 후백제 군사들을 바라보는 늙은 장군은 마음이 몹시 착잡했어.

그의 나이 어느덧 일흔. 농사꾼의 아들로 태어나 서른네 살에 스스로 후백제를 세운 뒤, 한때는 신라와 고려를 제압하며 후삼국* 통일을 눈앞에 두기도 했는데……. 지금은 자신이 세운 나라를 멸망시키기 위해 고려의 편에 서 있다니! 너무 억울해서 자다가도 벌떡 일어날 노릇이었어.

잠깐, 이게 누구 이야기냐고? 신라의 천 년 역사가 그 끝을 향하고 있을 때

후삼국 신라, 후백제, 후고구려(고려) 세 나라를 가리키는 말

에 견훤이라는 사람의 이야기야.

견훤은 옛 백제 땅에 후백제라는 나라를 세웠어. 백제 의자왕의 원수를 갚고 백제의 역사를 잇겠다는 뜻으로 말이야. 그는 큰 뜻을 품고 세운 이 나라를 무척 자랑스러워했지. 그러나 이제 제 손으로 그 나라를 무너뜨리려고 전쟁터에 나온 거야.

견훤에게 대체 어떤 일이 있었던 걸까?

◆ ◆ ◆

견훤은 오늘날 경상북도 상주의 가은현에서 아자개의 아들로 태어났어. 농부의 아들로 태어났지만, 견훤은 어릴 때부터 뭔가 비범한 구석이 있었나 봐. 이야기가 하나 전하는데, 아주 재미있어.

견훤이 갓난아기였을 때야. 부모가 들에서 일을 하느라 아이를 나무 밑에 눕혀 두었지. 그렇게 한참 일을 하다가 고개를 들어 보니 글쎄! 호랑이가 아이 옆에 있는 거야. 깜짝 놀란 부모는 허겁지겁 아이에게 달려갔어. 호랑이가 아이를 물고 가기라도 하면 큰일이잖아. 그런데 가까이 와 보니 놀라운 광경이 벌어지고 있었대. 아이가 호랑이의 젖을 먹더라는 거야!

에이, 뻥치지 말라고? 그래, 이게 진짜 사실인지 아닌지는 알 수 없어. 다만 이 이야기는 견훤이 무서운 호랑이가 보호할 만큼 귀한 인물이라는 메시지를 전한다고 보면 돼. 또 호랑이의 젖까지 먹고 자랐으니 그만큼 용맹하다는 뜻이기도 하겠지.

어릴 때부터 용감하고 무예가 뛰어났던 견훤은 군인이 되기로 결심했어. 그는 신라 군대에 들어가서 서해안과 남해안을 지키는 군인이 되었지.

그런데 군인이 된 견훤은 항상 창을 베고 잤대. 베개가 없었냐고? 뭐, 그랬을 수도 있어. 하지만 이 말은 언제든 적이 쳐들어오면 바로 공격할 수 있도록 대비했다는 뜻일 거야. 견훤은 누구보다 용감해 전투에서 항상 앞장서서 싸웠어. 덕분에 능력을 인정받기는 했지만, 그때까지만 해도 그리 높은 계급은 아니었어.

이 무렵 신라 사회는 점점 무너져 내리고 있었어. 왕실에서는 권력 다툼이 끊이질 않았고, 그러한 혼란을 틈타 귀족들은 백성들의 세금을 올리며 자기들 욕심을 채웠어. 세금이 너무 많아 다 내지 못한 백성들은 억울하게 땅과 집을 빼앗기기도 했어.

신라 왕실이 더 이상 백성들을 돌보지 못하고, 귀족들도 횡포를 부리니 백성들의 삶은 정말로 비참했어. 가난에 지친 사람들은 거리를 떠도는 신세가 되거나 먹고살기 위해 어쩔 수 없이 도적이 되었지.

참다못한 백성들은 봉기를 일으키기도 했어. 봉기가 뭐냐고? 벌 떼처럼 일어난다는 뜻으로, 백성들이 나라에 거세게 항의하는 것을 말해.

봉기가 일어나자 나라에서는 군대를 보내 막으려 했어. 이때 많은 백성들이 정부군과 맞서 싸우다 목숨을 잃었지. 백성들이 이처럼 목숨까지 걸고 봉기를 일으킨 건 왜였을까? 그만큼 먹고살기가 절박했던 거야.

힘이 약해진 신라 왕실이 차츰 지방을 다스릴 능력을 잃어 가자, 각지에서 새로운 세력이 등장했어. 이들을 '호족'이라고 해. 호족은 군사력까지 갖추고 지방에서 세력을 떨치며 백성들을 직접 다스리기 시작했어.

견훤도 신라에는 미래가 없다고 보았어. 썩어 빠진 신라가 무너지고 새 시대가 와야 한다고 생각했지. 그래서 자신을 따르는 무리를 이끌며 주변 고을을 차례로 점령해 갔어. 그를 따르는 무리가 한 달 사이에 무려 5,000명으로 늘어났다니, 당시 가장 능력 있는 장군이었던 건 분명해 보이지?

900년, 견훤은 오늘날 전라북도 전주인 완산주에 새로운 나라를 세우고 왕이 되었어. 나라 이름은 '백제'. 온조가 세운 옛 백제와 구분하기 위해 지금은 '후백제'라 하지만 당시에는 그냥 백제라고 불렀어.

그런데 견훤은 왜 새 이름을 짓지 않고 240년 전에 멸망한 나라의 이름을 그대로 가져와 썼을까? 견훤이 나라를 세운 곳은 옛 백제의 땅이자 그 후손들이 사는 곳이었어. 그곳에서 백제를 부활시키겠다고 한 이유는……, 그래! 그곳에 살던 백성들의 마음을 얻으려 했던 거야.

그 지역 사람들은 신라 사람들에게 차별 대우를 받았고, 백제에 대한 그리움도 여전히 갖고 있었거든. 그러니 당연히 두 팔 벌려 견훤을 환영했지. 이렇게 보니 견훤은 용감하고 싸움만 잘했던 게 아니라 사람들의 마음을 읽을 줄 알고, 머리도 좋았던 것 같네.

견훤은 나라를 세운 뒤 계속 세력을 키워 나가 오늘날 충청남도, 전라남북

도 지역을 모두 후백제의 땅으로 만들었어.

그러면서 한편으로는 혼인을 통해 세력을 확장해 나갔어. 갑자기 웬 혼인이냐고? 자신의 세력을 더욱 키우기 위해 견훤 스스로 다른 호족의 딸들과 혼인해 동맹을 맺었던 거야.

농부의 아들이었던 견훤은 후백제 농민들의 마음도 잘 헤아렸어. 무거운 세금을 없애는 등 백성들의 삶

견훤(867~936)
후백제의 건국자. 신라가 멸망할 즈음 등장해 새 시대를 열겠다며 후백제를 세우고, 36년 동안 나라를 발전시켜 나갔다.

을 안정시키기 위해 노력했지.

중국과 거란*, 일본에 사신을 보내 외교 관계를 맺기도 했고, 남중국에 있던 나라 오월*과 사신도 주고받았어. 북중국의 후당*과도 외교 관계를 맺었지. 당시 기록을 보면 후백제에 거란 사신 35명이 찾아왔다는 내용과, 일본 쓰시마에서 사절단이 왔다는 내용도 있어.

거란 만주 지방에 살던 유목 민족으로, 요나라를 세우고 발해를 멸망시킴.
오월 중국의 혼란기에 5대 10국 중 한 나라로, 978년 송나라에 멸망함.
후당 중국 5대 10국 중 한 나라로, 한때 중국 북방을 통일함.

어때? 제법 나라의 모습을 잘 갖추고 성장했던 것 같지?

한편 이보다 북쪽에서는 궁예가 후고구려라는 새 나라를 세워. 이로써 삼국에서 신라로 통일되었던 한반도가 다시 세 나라로 나뉘었지. 하지만 후백제, 후고구려, 신라, 이렇게 후삼국 중 신라는 이미 힘을 많이 잃었어. 사실상 힘을 겨뤄야 하는 건 두 나라! 견훤이 세운 후백제와 궁예가 세운 후고구려는 치열하게 경쟁했어.

그러다 후고구려에서는 왕건이 궁예의 권력을 빼앗고 고려를 세워. 이 일로 고려가 잠시 주춤하는 사이, 견훤의 세력은 더 커졌지.

이빨 빠진 호랑이 신세가 된 신라는 왕건과 힘을 합쳐 후백제에 맞서려 했지만 견훤은 겁먹지 않았어. 그는 신라로 먼저 쳐들어가 경애왕을 죽이고 새 왕을 세웠지. 왕건이 급히 구원병을 보냈지만 견훤은 왕건의 군대까지 크게 무찔러 버렸어.

견훤은 더 이상 두려울 게 없었어. 신라에, 왕건까지 물리쳤으니 후삼국의 통일이 코앞에 다가온 것 같았을 거야.

◇ ◇ ◇

그러나 왕건 역시 만만한 상대가 아니었어. 몇 년 뒤 둘은 다시 맞붙었는데, 후백제가 왕건의 나라 고려에 군사의 반 이상을 잃고 만 거야. 이 일 이후 후백제는 서서히 내리막길을 걷기 시작하지. 견훤의 나이는 이미 예순여덟 살. 전쟁터에 나가 용맹함을 뽐내기에는 너무 많은 나이였어.

하지만 내리막길로 접어든 후백제의 가장 큰 적은 왕건도, 견훤의 나이도 아니었어. 바로 아들이었지. 엥, 아들이라니?

견훤은 호족의 딸들과 혼인을 많이 했다고 했지? 그 덕분에 같은 편을 많이 만들기는 했지만, 나중에 왕위를 이을 후계자를 정하는 데에는 오히려 문제가 되었어. 열 명이 넘는 아들들이 경쟁해야 하니 그 속에서 큰 싸움이 일어날 것은 안 봐도 뻔한 일이지.

견훤은 넷째 아들 금강에게 나라를 물려주려 했대. 그러자 큰아들 신검이 화가 나 금강을 죽여 버리고, 아버지 견훤을 금산사라는 절에 가두어 버렸어.

다행히 견훤은 3개월 뒤 금산사에서 탈출했어. 이제 어디로 가야 할까? 자신을 가둔 큰아들에게 돌아갈 수는 없잖아! 견훤이 찾아간 사람은 바로 왕건이었어. 견훤은 왕건에게 항복하며 자기 아들을 죽여 달라고 부탁했지. 아버지와 아들이 원수가 된 거야.

왕건으로서는 거절할 이유가 없었어. 가장 큰 적이었던 견훤이 스스로 찾아와 항복했으니…….

다음 해인 936년, 두둥! 드디어 고려와 후백제가 전쟁터에서 맞붙었어. 견훤은 고려의 편이 되어 전쟁에 나섰지. 후백제 장수들은 전쟁터에서 견훤을 보고는 깜짝 놀랐어. 평생 충성을 바쳤던 견훤을 적으로 만나다니! 후백제 장수 몇몇은 싸우지도 않고 견훤의 말 앞에 와서 무릎을 꿇기도 했대. 그랬으니 전쟁의 결과야 보나 마나 뻔하지.

후백제군은 후퇴를 거듭하다 결국 신검이 항복하면서 무너졌어. 후백제가 멸망하는 모습을 보며 견훤의 마음은 어땠을까? 아들에게 복수를 했으니 기뻤을까? 아니, 큰 뜻을 품고 자신이 세운 나라를 자기 손으로 무너뜨렸는데 어찌 그럴 수 있겠어? 그는 곧 병을 얻어 세상을 떠나.

견훤은 죽기 직전 이런 말을 남겼대.

"하늘이 나를 보내시며, 어찌 왕건을 뒤따르게 하였는가. 한 땅에 두 마리 용은 살 수 없는 것이거늘……."

◆ ◆ ◆

그 뒤 고려와 조선으로 이어지는 역사 속에서 견훤은 악당으로 그려졌어.

후백제는 멸망했고, 고려가 남아 왕건의 신하들이 역사를 기록했잖아. 그러니 고려의 가장 큰 적이었던 견훤에 대해 좋은 말을 했을 리 없지. 그래도 그렇지, 역사책에 '천하에서 가장 흉악한 자'였다고 써 놓았다니 너무했다! 조선 시대까지도 이러한 평가는 바뀌지 않았어.

견훤이 새롭게 평가받기 시작한 건 최근 들어서야. 30년 이상 한 나라를 이끈 지도력은 물론 군사력과 외교력을 이제는 객관적으로 인정해야 한다는 것이지. 음, 네 생각은 어떠니?

복습하는 인물 연표

867년	892년	900년	927년	935년	936년
아자개의 아들 견훤이 경상북도 상주에서 태어났다.	견훤이 무진주를 점령했다.	견훤이 완산주를 도읍으로 삼아 후백제를 세웠다.	신라로 쳐들어가 경애왕을 죽이고, 공산에서 고려에 승리했다.	큰아들 신검이 견훤을 금산사에 가두었다.	견훤이 고려의 왕건에게 항복하고 후백제를 멸망시켰다.

후삼국 시대는 호족들의 천국

신라 말 나라가 기울면서 지방을 다스릴 힘마저 잃자, 각 지방에서는 군사력을 갖추고 백성들을 직접 지배하는 세력이 나타났어. 이렇게 지방에서 세력을 떨친 사람들을 '호족'이라고 해. 그러니까 호족은 도읍이 아닌 지방 세력을 뜻하는 말이야.

물론 지방 출신이 아닌 중앙의 귀족들이 호족이 되는 일도 있긴 했어. 중앙의 권력 다툼에서 밀려난 귀족들이 지방을 중심으로 다시 힘을 키우는 경우였지. 또는 재산과 군사력이 막강한 군인들이 지방에서 힘을 길러 호족이 되기도 했고.

이처럼 신라 말은 그야말로 호족의 천국이었어. 그래서 후삼국의 주인공인 견훤과 궁예, 왕건도 호족이었거나 호족들의 도움을 받았지.

고려가 세워진 뒤에도 호족들의 지위는 여전히 이어졌어. 호족들을 우대한 왕건의 정책에 따라 중앙의 귀족이 된 경우도 있고, 또 지방을 다스리는 관리가 되기도 했거든.

> 후백제가 세워진 다음, 그보다 북쪽에는 후고구려가 세워졌다. 후고구려를 세운 궁예는 옛 고구려를 잇는다며 오늘날 강원도, 경기도, 황해도, 충청북도까지 세력을 넓히는데……

궁예,
신라에 버림받고 후고구려를 세우다

앞에서 잠깐 궁예 이야기를 했지? 견훤이 후백제를 세울 무렵 후고구려를 세운 사람 말이야. 혹시 드라마 같은 데서 이미 그를 만나 보았는지도 모르겠다.

궁예는 신라 왕실의 아들이었다고 해. 5월 5일에 태어났는데, 날 때부터 이미 이가 나 있었어. 또 궁예가 태어나는 순간 외갓집 지붕에 긴 무지개 같은 흰빛이 하늘까지 닿아 있었대.

뭔가 비범한 인물이 태어난 것 같은데? 그런데 당시는 이 현상들을 매우 불길한 징조라고 생각했어.

"장차 나라에 해를 끼치는 인물이 될 징조입니다."

신하들이 말하자 왕은 궁예를 죽이라 했어. 그래서 휙, 다락에서 아이를 던지고 말았지. 다행히 유모가 아이를 받아 도망쳐서 목숨은 건졌지만, 그러면서 손가락으로 아이의 눈을 찌르는 바람에 궁예는 평생 한쪽 눈을 못 보는 애꾸눈이로 살아야 했어. 이게 궁예의 탄생에 얽힌 이야기야.

참 잔인하다. 태어날 때 이가 나 있었다고, 또 태어나는 순간 지붕에 흰빛이 있었다고 어찌 갓난아기를 죽일 생각까지 했을까? 더구나 궁예는 그냥 아이도 아니고 왕의 아들인데…….

그런데 말이야, 신라 말 왕위 다툼으로 나라가 어지러웠다는 이야기 기억하니? 그런 상황이라면 아마도 정치적인 이유 때문에 궁예를 죽이려 했던 게 아닐까 싶어. 이러쿵저러쿵 다른 이유들은 핑계일 뿐이고.

음, 왕조차도 자기 마음대로 할 수 있었던 어떤 막강한 세력이 무슨 이유에서인지 궁예를 죽이려 했던 것 같단 말이지.

그 이유가 뭘까? 참 궁금하다, 그렇지? 하지만 궁예의 아버지가 누구인지도 정확하게 알려져 있지 않을 만큼 이 사건은 비밀에 싸여 있어. 심지어는 궁예가 자신을 돋보이게 하기 위해 왕의 아들이라고 뻥을 쳤다는 이야기도 있고.

어쨌거나 궁예는 어릴 적 죽을 뻔한 위기를 벗어났고, 열 살 무렵까지 유모

품에서 자랐어. 그런데 소년 시절에 장난이 심하고, 말을 잘 안 들었던 모양이야. 참다못한 유모가 어느 날 하소연을 했다고 해.

"나라에서 버림받은 너를 오늘날까지 몰래 길렀는데, 이렇게 장난이 심하니 앞으로 사람들 입에 오르내리게 될 것이다. 그러다 네 정체가 들통나면 우리 둘은 살아남기 어려울 텐데 이를 어찌해야 하느냐!"

그때까지 아무것도 몰랐던 궁예는 그 말에 큰 충격을 받았어. 자신이 누구이고, 자신이 태어나던 무렵 어떤 일이 벌어졌는지 비로소 알게 된 거야. 궁예는 그 길로 절에 들어가 스님이 되었어.

하지만 부처님의 말씀을 열심히 따르는 착실한 스님은 되지 못했어. 타고난 성격이 워낙 활달하고 강했던 터라 스님으로 사는 게 잘 맞지 않았거든. 당시 절들이 많이 부패해 있어서 이를 못마땅하게 여기기도 했고.

 그런데 이 무렵 궁예에 대한 재미있는 이야기가 또 전하네.

어느 날 궁예가 길을 가는데 까마귀 한 마리가 나무 막대를 떨어뜨리고 가더래. 막대기를 주워 들었는데 글쎄, '왕(王, 임금)'이라는 글자가 새겨져 있는 거야. 그 순간 궁예는 무슨 생각을 했을까?

당시 신라 왕실은 도읍만 겨우 다스렸지 지방을 다스릴 힘은 이미 잃은 상태였어. 그러자 지방에서는 호족이 나타나 각기 세력을 키워 갔지. 궁예도 물론 이를 알고 있었어.

이처럼 새로운 세상을 꿈꾸는 사람들이 이곳저곳에서 등장하던 때, 하늘

에서 '왕'이라는 글자가 떨어지다니! 궁예는 운명이라고 생각했을 거야. 자신이 왕이 될 운명이라고…….

그런데 막대기에 진짜 '왕' 자가 새겨져 있었을까? 궁예 혼자 있을 때 벌어진 일이니 증명해 줄 사람이 없잖아. 좀 삐딱하게 보자면, 궁예가 자신이 왕이 될 운명이었다고 말하기 위해 꾸며 낸 이야기일 수도 있겠다. 뭐 꼭 그렇다는 건 아니고, 그럴 수도 있다고.

❖ ❖ ❖

궁예는 일단 오늘날 경기도 안성 지역인 죽주에서 세력을 키우고 있던 기훤이라는 사람을 찾아갔어. 그런데 기훤이 제대로 대우해 주지 않았나 봐. 궁예는 다시 양길이라는 장군에게로 갔지. 다행히 양길은 궁예의 능력을 알아보았어. 궁예는 양길 밑에서 공을 세우며 자신의 무리를 이끌기 시작했어.

김부식이 쓴 역사책《삼국사기》를 보면 궁예는 다른 군사들과 어려움을 함께 나누었고, 누구에게나 공정하게 대했다고 해. 그래서 많은 사람들이 두려워하면서도 존경하는 장군이 되었지.

　그를 따르는 사람들은 곧 수천 명에 이르렀어. 그렇게 궁예는 오늘날 강원도 철원 지방을 중심으로 세력을 계속 넓혀 나갔어. 그러면서 신라를 무너뜨리고 옛 고구려를 잇는 새 나라를 세울 꿈을 꾸었지.

　어, 그런데 이상하다. 궁예는 신라의 왕족인데, 왜 고구려를 계승하려고 했을까? 그건 자신을 버린 나라 신라를 아주 미워했기 때문이야. 또 견훤이 그랬던 것처럼, 궁예도 옛 고구려 땅인 강원도 철원 지방에서 세력을 키웠기 때문에 그 지역 백성들의 마음을 얻으려 했던 거고. 그 지역 백성들 역시 신라의 차별 대우에 불만이 많았거든.

　그 무렵 오늘날 개성 지역인 송악의 호족이 궁예에게 귀부해 왔어. 귀부가 뭐냐면, 스스로 와서 복종했다는 말이야. 그는 궁예의 신하가 되겠다고 제 발로 찾아와서는 자신의 아들이 송악을 다스리게 해 달라고 부탁했어.

그 아들이 바로 왕건인데……. 음, 그 이야기는 나중에 다시 하기로 하자.

한편 궁예의 세력이 커지자 양길이 가만히 있을 리 없었어. 주변 세력들과 힘을 합쳐 괘씸한 궁예를 공격했어. 그러나 궁예는 이미 예전의 궁예가 아니었지!

궁예는 양길까지 물리친 뒤 901년 송악에 도읍을 정하고 새 나라를 세웠어. 나라 이름은 '고려'라고 했지. 우리가 아는 '후고구려' 말이야. 후고구려는 오늘날 강원도, 경기도, 황해도, 충청북도 대부분을 차지하며 커다란 세력을 떨쳤어.

이렇게 해서 후백제를 세운 견훤과 궁예의 본격적인 경쟁이 시작되었어. 신라는 이미 그 세력이 많이 약해져 있어서 경쟁조차 되지 않았고.

궁예와 견훤은 영토 경쟁을 벌였을 뿐 아니라 외교 경쟁도 벌였어. 견훤이 남중국, 일본 등과 사신을 주고받았다면 궁예는 주로 북중국과 교류하며 견훤을 견제했어. 또한 두 나라는 중국의 제도를 참고해 나라의 제도들도 완성해 나갔지.

이렇게 후고구려는 점차 커지고, 질서도 잘 잡혀 가고 있었어. 그런데 궁예가 이때부터 좀 이상한 행동을 하기 시작해.

나라 이름을 '마진'으로 바꾸었다가 또 '태봉'으로 바꾸거나, 도읍도 송악에서 다시 철원으로 옮기는 등 안정되지 못한 모습을 보였어.

자신이 미륵불이라면서 "관심법으로 사람의 마음을 읽을 수 있다."고 주

미륵불 미래에 이 세상에 내려와 사람을 구해 준다는 부처

장하기도 했지. 관심법은 '마음을 보는 법'을 뜻해. 그러니까 자기가 다른 사람의 마음을 읽는 능력이 있다는 거야. 갑자기 초능력자라도 된 걸까?

궁예는 그 뒤 거짓말을 하거나 죄를 지은 사람을 관심법으로 찾아내 뜨겁게 달군 쇠 방망이로 때려 죽였어. 부인과 아들까지도!

헉! 미친 거 아니냐고? 그래, 어린 시절에 마음의 상처를 입어서 정신적인 병을 앓은 것 같다고 생각하는 역사학자들도 있어.

아 참, 궁예가 가장 아꼈던 신하 왕건도 관심법 때문에 목숨을 잃을 뻔했던 적이 있어. 어느 날 궁예가 갑자기 왕건에게 이런 말을 했지.

"네가 반역을 꾀했구나. 관심법으로 보면 다 보인다."

그 자리에 있던 사람들은 깜짝 놀라 모두 오늘이 바로 왕건의 제삿날이구

반역 나라를 다스리는 권한을 빼앗으려 하는 일

나 생각했어.

하지만 그때! 왕건을 아끼던 최응이라는 사람이 왕건에게 귓속말로 알려 주었지 .

"지금 아니라고 대답하면 죽을 것이오."

왕건은 얼른 궁예에게 무릎을 꿇으며 대답했어.

"죽을죄를 지었사옵니다."

그러자 궁예가 껄껄 웃으며 정직하다고 칭찬했다는 거야.

등골이 오싹한 그 순간이 지나고 얼마 뒤, 궁예는 진짜로 반란을 일으킨 왕건에게 왕위를 빼앗기고 목숨을 잃어. 어떤 기록에서는 도망치다 부하의 손에 죽었다고도 하고, 보리밭에 숨었다가 농부에게 들켜 죽었다고도 하지. 불쌍한 탄생만큼이나 비참한 죽음이네.

◇ ◇ ◇

자, 그런데 여기서 우리가 놓치지 말아야 할 것이 있어. 바로 궁예에 대한 기록을 누가 썼느냐 하는 거야.

궁예에 대한 이야기를 쓴 것은 왕건의 부하들이었어. 생각해 봐. 궁예를 몰아내고 왕위에 오른 왕건의 편에 있는 사람들이 궁예에 대해 좋은 말을 할 리는 없겠지?

그래서 궁예가 관심법이라는 말도 안 되는 소리를 하며 신하들, 심지어 가족까지 함부로 죽인 포악한 왕이었다고 한 게 아닐까? 나라 이름과 도읍을 변

덕스럽게 바꾸는 정신병자였다고 주장해야만 그를 내쫓은 게 정당한 일이 되니까.

그러니 역사에 기록된 궁예의 모습을 그대로 믿을 수는 없어. 많이 왜곡되고 과장되었을 테니까. 그래서 요즘 역사학자들은 궁예가 어떤 사람이었는지 다시 연구하기 시작했어.

그렇게 밝혀낸 새로운 사실 중 하나는 궁예가 나라 이름을 여러 번 바꾼 것이 그 나름대로 타당한 이유가 있었다는 거야. 그냥 변덕을 부린 게 아니란 말이지.

또 스스로 미륵불이라 한 것은 신라 시대 다른 왕들도 왕권을 강화하기 위해 종종 쓰던 방법이래. 궁예만 이상하다고 할 건 아니라는 거야.

마지막으로, 부인과 아들을 비롯해 신하들을 죽인 것도 성격이 포악해서가 아니었다고 해. 왕권을 강화하기 위해 호족 세력을 억누르는 과정에서 벌어진 일이었다고 설명하지.

물론 이러한 것들도 오늘날 역사학자들의 새로운 주장일 뿐이야. 판단은 우리의 몫이겠지?

후고구려를 세운 궁예는 정말 포악한 왕이었을까? 아니면 왕건에게 왕위를 빼앗긴 불쌍한 왕이었을까?

복습하는 인물 연표

?	896년	같은 해	901년	915년	918년
신라의 후예라고 전해지는 궁예가 태어났다.	궁예가 강원도 철원 지방을 손에 넣었다.	왕건이 궁예의 부하가 되었다.	궁예가 양길을 몰아내고 후고구려를 세웠다.	궁예가 왕비와 두 아들을 죽였다.	궁예가 왕건에게 임금의 자리를 빼앗겼다.

백성들을 구하러 온다는 부처, 미륵불

불교에서는 석가모니를 비롯해 여러 부처가 존재한다고 해. 그 가운데 미륵불은 미래의 부처를 말하지. 미륵불은 지금 도솔천이라는 하늘나라에 있는데, 미래에 이 세상에 내려와 사람들을 구해 준다고 전해져.

궁예는 자신이 이러한 미륵불이라고 주장했어. 신라 말 어지러운 세상 속에서 힘들어하는 백성들을 도와주러 온 부처님이라고 말이야. 그래서 그는 금빛 모자를 쓰고, 금과 은, 비단으로 꾸민 하얀 말을 타고 다녔대. 또한 자신은 미륵불이기 때문에 관심법을 써서 사람들의 마음을 읽을 수 있다고도 했고.

궁예는 진짜 미륵불이었을까? 아니면 정신이 약간 이상했던 걸까? 그것도 아니면 미륵불을 믿는 사람들의 마음을 사로잡으려고 꾀를 썼던 걸까?

궁예가 이렇게 금빛 모자를 쓰고 흰말을 타고 다녔다고요?

응. 그러고는 자신이 미륵불이라 했대.

나는 경기도 안성 국사암에 있는 궁예 미륵불이오.

> ◀◀ 🎞 신라, 후백제, 후고구려가 겨루던 후삼국 시대도 그 끝을 향해 달리고 있었다. 궁예를 이어 고려의 왕이 된 왕건은 마침내 한반도를 통일한다.

왕건,
후삼국을 다시 통일하다

918년 6월, 어느 날의 이야기야.

홍유, 배현경, 신숭겸, 복지겸 등 장군들이 왕건의 집으로 찾아왔어. 왕건? 그래, 후고구려 궁예의 신하였던 그 왕건 말이야. 방으로 들어가며 이들은 왕건의 부인에게 부탁했지.

"뒷산에 새로 익은 참외가 있을 것이니 좀 따다 주십시오."

참외 먹으러 왔냐고? 아니, 그건 왕건의 부인을 집 밖으로 잠시 내보내기 위한 핑계였어. 왕건과 비밀 이야기를 나누러 온 거였거든. 눈치 빠른 부인은 나가는 척만 하고는 몰래 방 안의 이야기를 엿들었어.

장군들이 왕건에게 말했어.

"지금의 임금 아래에서는 도저히 살 수가 없습니다. 예로부터 포악한 임금을 내쫓고, 지혜로운 임금을 세우는 것이 올바른 일이라 했습니다."

지금의 임금이라니? 맞아. 궁예를 말하는 거였어. 그러니까 궁예를 쫓아내고 왕건더러 왕의 자리에 오르라는 뜻이었지.

왕건은 말도 안 된다며 거절했어.

"어찌 내가 그런 마음을 품을 수 있겠소?"

"왕이 갈수록 포악하게 나라를 다스려 백성들 모두가 힘들어하고 있습니다. 부디 백성들을 생각하십시오."

장군들이 간곡하게 부탁했지만 왕건은 뜻을 굽히지 않았어.

왕건이 아버지와 함께 궁예의 신하가 된 지 어느덧 20여 년, 그동안의 일들이 왕건의 머릿속을 스치고 지나갔지.

궁예가 한강 유역까지 죽죽 뻗어 나가던 무렵, 주변의 호족들은 한창 잘나가던 궁예의 세력 안으로 서로 들어가고자 안달이었어. 송악의 호족이었던 왕건의 아버지도 이때 궁예의 신하가 되었고.

아버지가 궁예의 신하가 되자 아들 왕건도 후고구려의 장수가 되었어. 그러고는 후백제와 전투를 벌여 많은 공을 세웠지. 그는 육지에서도 뛰어났지만 바다에서 특히 강했어. 왕건의 아버지가 바닷길 무역을 통해 세력을 키운 사람이라 왕건도 어릴 적부터 바다와 배에 대해 잘 알았거든.

왕건은 여러 지역을 공격해 후고구려의 영토를 넓혔고, 궁예는 그 공을 인정해 왕건을 계속 승진시켜 주었어. 둘은 마음이 척척 맞았어. 힘을 합치면 무슨 일이든 할 수 있을 것만 같았지.

그러나 궁예가 강력한 왕권을 쥐려고 호족들을 억누르기 시작하면서 심각한 갈등이 생기고 말아. 궁예와 호족들 사이의 갈등은 깊어져 많은 호족들이 목숨을 잃기도 했지.

궁예가 그토록 아끼던 왕건까지도 목숨을 잃을 뻔했잖아. 기억나니? 궁예가 왕건을 불러 반역을 꾀했냐고 물은 일 말이야.

겨우겨우 위험한 순간을 넘겼지만, 이 일로 왕건의 불안감은 매우 커졌을 거야. 이대로 있다가 언제 죽을지 모른다는 생각이 들지 않았을까?

음, 사실 궁예가 진짜 왕건을 죽이려 한 건 아닌 거 같아. 왕건의 대답 한마디에 그냥 넘어간 것을 보면 말이야. 뭔가 미심쩍은 구석이 있어서 한번 물어본 것일 수도 있고, 겁을 주려 한 것일 수도 있어. 만일 왕건

이 진짜로 반란을 일으키려는 걸 알았다면 그렇게 쉽게 넘어가지는 않았겠지? 뭐, 어쨌든 왕건으로서는 두고두고 등골이 오싹해지는 일이었을 거야.

◈ ◈ ◈

자, 다시 앞의 이야기로 돌아가자. 장군들이 궁예를 내쫓자고 왕건을 설득하고 있었지?

왕건이 계속 망설이자 초조한 마음으로 엿듣고 있던 부인이 나섰어. 부인은 "의로운 군사를 일으켜 포악한 임금을 없애는 일은 예로부터 있었던 일입니다."라며 왕건에게 손수 갑옷을 입혀 주었지. 마침내 왕건이 결심을 굳히고 나서자 장군들은 왕건을 에워싸고 외쳤어.

"왕공께서 의로운 깃발을 들었다!"

왕건이 길로 나서자 수많은 사람들이 달려와 왕건을 따랐어. 궁궐의 문 밖에서 북을 치면서 기다리는 사람만 해도 1만 명이 넘었대.

잠깐, 갑자기 궁금해지네. 어떻게 이렇게 많은 백성들이 갑자기 모인 걸까? 지금처럼 인구가 많고, 휴대 전화 같은 편리한 통신 수단이 있다 해도 1만 명이 갑자기 모이는 건 쉽지 않은 일인데…….

혹시 말이야, 왕건의 행렬이 미리 준비된 계획은 아니었을까? 그렇지 않다면 1만 명이 넘는 사람들이 갑자기 모일 수가 없잖아. 그것도 아니라면 뻥을 좀 심하게 친 걸 수도 있어. 왕건이 백성들의 큰 지지를 받았다는 걸 보여 주기 위해서 말이야.

그렇게 왕건은 궁예를 몰아내고 왕위에 올랐어. 나라의 이름을 고려로 바꾸고, 도읍도 자신의 근거지인 송악으로 옮겼지.

궁예의 모습에서 교훈을 얻은 걸까? 왕건은 궁예와는 다른 정책을 폈어. 궁예가 호족 세력을 억누르려 했다면, 왕건은 호족을 인정했지.

왕건(877~943)
고려의 건국자. 후고구려 궁예의 신하였지만 나중에 궁예의 자리를 빼앗고 고려를 세웠다. 936년에는 후백제까지 물리치고 후삼국을 통일했다.

이제 고려의 왕이 된 왕건에게 가장 큰 적은 후백제의 견훤이었어. 그 무렵만 해도 후백제가 군사력이 더 앞섰거든. 한편 신라와는 친하게 지냈어. 이 역시 궁예와 다르지? 궁예는 어릴 적 자신을 버린 신라를 끝내 미워했지만 왕건은 신라와 손을 잡고, 이미 힘을 다한 신라가 스스로 고려에 항복하도록 이끌었어. 이런 점에서는 궁예보다 왕건이 한 수 위네!

그러나 후백제의 견훤은 신라와 고려가 친하게 지내는 걸 못마땅하게 여겼어. 급기야 후백제는 신라에 쳐들어가서 왕을 죽이고 새 왕을 세웠지. 소식을 들은 왕건이 급히 군사를 이끌고 신라를 도우러 갔지만, 신라를 구하기는커녕 겨우 자기 목숨만 건졌을 뿐이야.

어쨌든 이 일로 신라와 고려의 사이는 더욱 두터워졌어. 후백제를 이

기지는 못했지만 그래도 고려가 신라를 구하러 와 주었으니까.

그로부터 몇 년 뒤, 이번에는 왕건이 견훤을 크게 이겨. 또 견훤이 아들에게 쫓겨나 왕건에게 항복하면서 후백제와 고려의 힘은 완전히 역전되지.

935년, 힘이 다한 신라는 고려가 승리할 것을 예감하고 나라를 스스로 내놓았어. 다음 해 껍데기만 남은 후백제까지 멸망시키면서 왕건은 마침내 통일을 이루었지.

◇ ◇ ◇

이것은 어쩌면 우리 민족이 이룬 최초의 진정한 통일이라고 할 수 있어. 예전에 신라가 삼국 통일을 할 때에는 당나라의 힘을 빌렸지만 고려는 다른 나라의 도움 없이 오로지 스스로 통일을 이루었으니까. 또한 후백제와 신라뿐 아니라 발해 사람까지 받아들였기 때문에 의미 있는 민족 통일을 이루었다고 할 수 있지. 영토를 봐도 한반도의 거의 대부분을 차지했고.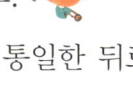

왕건이 한반도를 통일한 뒤로 1,000년 동안이나 우리 민족은 하나의 나라에서 살았어. 비록 지금은 안타깝게도 남한과 북한으로 나

뉘어 있지만……

 통일을 한 다음에도 왕건은 해야 할 일이 많았어. 일단 나라별로, 지역별로 나뉘어 있던 호족 세력을 자기편으로 모아 정치를 안정시켜야 했지. 또 고려가 고구려를 계승한 나라인 만큼 고구려의 옛 땅을 되찾는 것도 큰 숙제였어.

 그렇게 해서 나온 고려와 왕건의 정책들을 몇 가지 이야기해 줄게.

 그는 먼저 호족들을 자기편으로 만들기 위해 각 지역 호족의 딸들과 혼인했어. 그래서 부인이 무려 29명이나 되었다고 해!

 그럼 딸이 없는 호족은 어떡하냐고? 이 경우는 호족들에게 왕씨 성을 내려 주었어. 같은 왕씨니까 우리는 같은 편! 뭐 그런 거지.

 고구려의 땅을 찾는 데에도 노력을 많이 기울였어. 옛 고구려의 넓은 땅을 다 차지하지는 못했지만 서쪽으로는 청천강, 동쪽으로는 영흥 이북까지 영토를 넓혔지.

 한편 고구려의 후손들이 세운 발해가 망하자 발해 사람들을 받아들였고, 발해를 멸망시킨 거란과는 외교를 맺지 않았어. 이렇게 해서 고려는 후삼국뿐 아니라 발해까지 받아들여 완전한 민족의 통일을 이루었어.

고려의 역사를 기록한《고려사》에서는 왕건이 "나랏일을 할 때나 상과 벌을 줄 때 공평했으며, 현명한 신하를 뽑아 썼다."고 해. 사실 이 책은 왕건의 탄생부터 외모, 성격, 업적 등 모든 게 칭찬뿐이야. 이 책을 쓴 사람들이 바로 왕건의 신하들이었거든. 그러니 왕건 이야기는 가능한 한 멋지게 쓰고, 왕건의 적이었던 견훤이나 왕건이 내쫓은 궁예는 사실보다 더 나쁘게 썼을 수 있어.

혹시 이런 말 들어 본 적 있니?

"현재를 지배하는 자가 과거를 지배한다."

무슨 뜻인지 천천히 한번 생각해 볼래?

복습하는 인물 연표

877년	896년	918년	930년	935년	936년
송악 호족의 아들 왕건이 태어났다.	왕건이 궁예의 부하가 되었다.	왕건이 궁예를 내쫓고 고려의 왕이 되었다.	왕건이 후백제 견훤에게 크게 승리했다.	신라 경순왕이 고려에 항복했다.	후백제가 항복하면서 왕건의 고려가 후삼국을 통일했다.

왕건이 남긴 마지막 부탁, 훈요 10조

왕건은 943년 67세의 나이로 죽었어. 그는 죽기 전 유언을 남겨 고려를 어떻게 다스려야 하는지 후손들에게 전했는데, 이를 '훈요 10조'라고 해. 주요 내용은 다음과 같아.

불교를 중히 여길 것, 절을 함부로 짓지 말 것, 왕위는 큰아들이 이어받지만 어질지 못하면 다음 아들이 잇고, 다음 아들도 어질지 못하면 여러 형제 중에서 많은 사람이 받드는 이를 왕으로 삼을 것, 거란의 풍속은 본받지 말 것, 서경은 풍수지리상 중요한 곳이니 자주 찾아 100일 동안 머물 것, 연등회와 팔관회 같은 행사를 소홀히 하지 말 것, 왕이 되면 공평하게 일을 처리하여 백성들의 마음을 얻을 것 등이지.

고려의 정책은 훈요 10조의 내용을 따른 것이 많아. 불교를 중히 여긴 것, 땅의 기운을 연구하는 풍수지리설에 따라 서경을 제2의 도읍으로 중요하게 생각한 것 등이 모두 왕건의 말을 따른 정책들이야.

서경 오늘날 평양
연등회 부처의 탄생일에 불을 켜고 복을 비는 의식
팔관회 토속신에게 제사를 지내던 국가 행사

> 태조 왕건이 고려를 세우는 데에는 호족의 도움이 매우 컸다. 그러나 호족은 점차 왕권을 위협하는 존재가 되어 버리고, 이에 맞서 광종은 왕권을 더욱 키우려 하는데……

광종, 고려의 왕권을 튼튼히 하다

왕건은 부인이 29명이었고, 그 사이에서 아들을 25명이나 두었어. 아, 가족이 많아도 정말 많지? 그런데 왕건의 부인들은 대부분 각 지역에서 세력을 떨쳤던 호족의 딸들이었어. 그러니 어땠겠어? 왕의 자리를 놓고 왕자들이 정말로 치열하게 경쟁했지. 왕자들 뒤에는 각 지역에서 내로라하는 호족들이 버티고 있었고.

이것 참, 골치 아프네. 왕건도 이 상황을 예상하지 못했던 것은 아니었어. 고려를 세우고는 호족 세력을 하나로 모아야 했기에 그 딸들과 혼인을 많이 했지만, 자신이 죽고 난 뒤가 걱정이었지.

왕건은 고민 끝에 큰아들 왕무에게 왕위를 물려주었어. 왕무는 고려의 두 번째 왕인 혜종이야. 혜종은 큰아들인 데다가 왕건을 도와 전쟁터를 누비며 많은 공을 세웠기 때문에 왕이 될 자격과 능력이 충분했어. 그러나 한 가지 문제가 있었어. 그를 도와줄 외가의 세력이 약하다는 것!

이를 걱정한 왕건은 왕무를 당시 최고 권력자 왕규의 딸과 혼인시키는 한편, 가장 강한 군사력을 가지고 있던 박술희에게도 큰아들을 잘 지켜 달라고 부탁했어.

그러나 혜종은 왕위에 오른 지 2년 만에 반란이 일어나 목숨을 잃고 말아. 그다음에 왕위에 오른 건 왕건의 다른 아들인 왕요. 바로 고려의 세 번째 왕 정종이지.

정종의 외가는 혜종과 다르게 세력이 강했지만, 그 역시 왕이 된 지 3년 만에 죽고 말았어. 천둥과 벼락에 놀라 병을 얻었다나 뭐라나! 20대의 팔팔한 청년이 천둥과 벼락에 놀라 죽었다는 게 뭔가 좀 찜찜하지? 뭐, 그게 사실일 수도 있지만 워낙 치열했던 고려 초기의 왕권 경쟁을 생각한다면……. 역사에 기록되지 않은 어떤 비밀스런 사건이 있었을지도 몰라.

어쨌든 그 뒤를 이은 것이 고려의 네 번째 왕, 광종이야.

광종은 정종의 친동생이야. 아버지뿐 아니라 어머니도 같다는 말이지. 강력한 세력을 가진 정종의 외가는 그러니까 광종의 외가이기도 해.

광종의 이름은 '소', 925년에 태어났으며 왕위에 오를 때의 나이는 스물다섯 살이었어. 광종은 왕건이 죽은 뒤 왕권 경쟁이 치열하게 벌어지는 것을 모두 지켜보았어. 그 가운데 형들이 죽어 가는 것도.

'고려를 제대로 다스리기는커녕 목숨 하나 지키기도 어렵겠군.'

아마 이렇게 생각했을 거야. 다른 호족들의 세력을 누르고 자신의 힘을 키워야 한다는 걸 뼈저리게 느꼈지.

하지만 서두르지는 않았어. 왕위에 오르던 해, 광종은 왕실을 위해 공을 세운 사람들에게 상을 주며 우선 호족들의 마음을 안심시켰어. 어수선한 나라를 안정시키는 게 가장 중요하다고 판단했거든. 중국에 사신을 보내 '고려 국왕'으로 인정받은 것도 마찬가지 이유에서야.

왕위에 오른 뒤 8년이 지날 때까지도 절을 짓거나 중국과 사신을 주고받는 일 말고는 큰일을 벌이지 않았어. 그저 조용히 힘을 키워 나갔지. 치밀하고 꼼꼼하게.

그렇게 나라가 안정되어 가던 어느 날, 비로소 광종은 선포했어.

"노비˚의 신분을 조사하여 양인˚이었던 자는 본래의 신분으로 회복시켜 줄 것이다."

이게 무슨 뜻이냐 하면, 원래는 노비가 아니었는데 전쟁 중에 포로로 잡히거나 빚을 갚지 못해 노비가 된 사람들을 원래 신분으로 되돌려 주겠다는 거야. 후삼국의 어수선한 시대를 겪으면서 양인들 가운데 호족의 노비가 된 사

노비 나라나 양반에 속해 있던 가장 낮은 신분의 사람
양인 귀족과 천민의 중간 신분에 있던 백성

람들이 많았거든.

◆◆◆

광종의 이 정책, 어떤 거 같니? 노비에서 양인이 되는 백성들이야 더할 나위 없이 좋았겠지? 또 나라에서는 세금을 내는 양인의 숫자가 늘어나니까 이득이고. 원래 노비는 자신의 주인에게 속해 있기 때문에 나라에 세금을 내지 않았거든. 이래저래 괜찮은 정책이네.

하지만 호족들은 펄펄 뛰었어. 자기 땅에서 매일 일하고, 필요할 때에는 군사로 쓰기도 했던 노비를 풀어 주라니 이게 웬 말이야!

오랜 세월 참아 왔던 광종이 제대로 한 건을 한 거야. 백성들은 왕을 칭송하고, 나라의 세금은 늘어나고, 무엇보다 호족의 힘은 약해질 테니……. 룰루랄라, 광종은 좋아서 노래를 흥얼거렸을지도 몰라.

그야말로 꿩 먹고 알 먹고, 도랑 치고 가재 잡고, 돌 한 개를 던져 새 두 마리, 아니 세 마리까지 잡는 똑똑한 정책이었어.

기세를 몰아 광종은 새 인재를 뽑아 자기 사람으로 키우려 했어. 그래서 시작한 게 과거 제도야. 과거 제도

세금 늘어나고!
백성들 좋아하고!
호족도 억누르니!
정책 하나로 세 가지
이득을 보았네.

노비에서 풀어
주어 고마워요!
임금님 멋져!

노비를 다 빼앗으니
호족이 좋던 때는
다 갔네!

광종 ✱ 47

　는 중국에서 온 쌍기라는 학자의 제안으로 시작했는데, 시험을 쳐서 나라의 관리를 뽑는 것이지.

　신라 시대에는 골품제라는 신분 제도가 있었다고 했지? 그래서 능력에 상관없이 어떤 신분으로 태어났느냐에 따라 오를 수 있는 벼슬이 정해져 있었어. 반대로 과거 제도는 시험을 봐서 실력으로 관리들을 뽑는 거니까 광종 때부터는 높은 신분으로 태어난 사람이 아니더라도 열심히 공부하고 능력을 키우면 벼슬길에 나아갈 수 있게 된 거야. 그러고 보니 광종의 과거 제도가 우리나라 시험의 시작이라고 할 수 있겠네.

광종(925~975)
고려 제4대 임금. 왕위 경쟁과 혼란 속에서 왕의 자리에 올랐지만, 노비가 된 양인을 풀어 주고 과거 제도를 실시하는 등 정치를 안정시키고 나라를 발전시켰다.

뭐? 광종이 갑자기 미워진다고? 당시에도 그런 생각을 가진 귀족의 아들들이 많았을 거야. 예전에는 그냥 편안히 놀아도 벼슬을 할 수 있었는데, 이제는 공부를 해야 했으니 말이야.

◇◇◇

과거 제도를 제안한 쌍기는 중국에서 온 사람이라고 했지? 쌍기가 이처럼 광종의 총애를 받자 중국 사람들이 고려로 귀화하는 일이 많아졌어. 귀화란 자신이 속한 나라를 바꾼다는 뜻이지.

광종은 귀화인에게 파격적인 대우를 해 주었어. 높은 관직을 내렸을 뿐 아니라 신하들의 집 중에서도 좋은 것을 골라 주었고, 다른 신하의 딸과 혼인도 시켜 주었어. 왜 이렇게 좋은 대우를 해 주었을까?

이들을 자신의 세력으로 만들기 위해서였어. 여기에 과거로 뽑은 관리들, 또 고구려와 발해 출신의 사람들까지 적극 받아들여 광종은 자신만의 세력을 키워 갔어.

그러다 보니 호족을 비롯해 기존의 관리들이 거세게 반발했어. 하루는 서필이라는 신하가 광종에게 찾아와 말했지.

"제 집이 조금 넓으니 나라에 바치겠습니다."

무슨 이유에서 그러냐고 광종이 묻자 그는 이렇게 대답했어.

"지금 귀화한 사람들이 좋은 관직만 골라 벼슬을 하고, 집도 좋은 곳으로만 옮깁니다. 반대로 대대로 벼슬을 해 온 신하들은 관직과 집을 잃고 있습니다.

그러니 제 집도 제가 살아 있을 때 나라에 바치고, 나라에서 받는 봉급으로 다시 작은 집을 짓는 게 자손을 위해 나을 듯합니다."

자기 집도 언제 귀화인에게 빼앗길지 모르니 차라리 나라에 바치고 작은 집을 다시 짓겠다는 말이야. 임금에게 항의를 한 거지. 광종은 화가 났지만, 깨달은 바도 있어서 신하들의 집을 더는 빼앗지 않았대. 이렇게 왕의 잘못을 지적해 고치게 한 서필은 나중에 이야기할 서희의 아버지야.

서필뿐 아니라 호족들 대부분은 광종의 정책에 반대했어. 광종은 자신이 아끼던 신하 서필의 충고는 받아들였지만 다른 호족들에게는 무자비한 처벌로 맞섰지.

이때 얼마나 많은 호족들을 가두었는지 감옥이 부족해 임시 감옥을 지어야 할 정도였대. 죽임을 당한 사람도 많았어. 호족의 딸인 왕비와 태자 역시 광종의 정책에 반대하다 위험한 순간을 맞을 정도였으니……. 아, 다행히 죽이지는 않았어. 자신의 뒤를 이을 외아들이라 살려 두었는지도 모르지만.

광종은 누군가 반란을 일으켜 자신을 죽일지도 모른다고 두려워했던 것 같아. 실제로도 신하들 가운데 누군가 이상한 행동을 하면 바로 반란죄로 죽이거나 감옥에 가두는 일이 많았다고 해.

그래서 광종에 대한 평가는 둘로 갈려. 먼저 칭찬하는 쪽은 호족의 세력을 누르고, 고려의 왕권을 강화해 나라를 안정시킨 공을 인정해야 한다고 말해. 하지만 비판하는 쪽은 그래도 그렇게까지 많은 사람을 죽일 필요는 없었는데 지나쳤다고 주장하지.

너도 생각해 봐. 왕권을 안정시키기 위해 꼭 그렇게 많은 사람들을 죽여야 했을까?

광종은 975년 쉰하나의 나이로 삶을 마쳤어. 아, 반란 때문은 아니었고, 그저 병이 들어 세상을 떠났지.

복습하는 인물 연표

949년	956년	958년	960년	975년
치열한 왕권 경쟁 끝에 광종이 고려 제4대 임금이 되었다.	광종이 노비안검법을 시행해 억울하게 노비가 된 양인을 풀어 주었다.	과거 제도를 시행해 능력 있는 새 인재를 선발했다.	신하들의 관복 색깔을 정해 위계질서를 잡고, 왕권을 강화했다.	광종이 병이 들어 51세의 나이로 세상을 떠났다.

귀족부터 천민까지, 고려의 신분 제도

후삼국 때에는 본래 양인이었지만 전쟁과 빚 때문에 노비가 된 사람들이 많았어. 광종은 이렇게 노비가 된 사람들의 신분을 양인으로 되돌려 주었지. 그럼 여기서 고려 시대의 신분 제도에 대해 좀 더 알아보자.

고려의 신분은 귀족, 중류층, 양인, 천민으로 나눌 수 있어.

귀족은 왕족을 포함해서 높은 벼슬과 많은 토지를 가졌던 고려의 지배층을 말해. 중류층은 궁궐의 실무를 담당하는 관리, 지방의 관리인 향리, 하급 군인들을 말하고.

고려 백성들 대부분은 양인이었어. 주로 농민들이었는데, 이들은 수확한 곡식의 10분의 1을 세금으로 나라나 땅 주인에게 냈지. 나라에서 궁궐을 짓거나 다리를 놓거나 할 때 직접 나가서 일도 하고 말이야. 양인은 이러한 의무를 다하는 대신, 과거를 볼 수 있는 자격이 있었고 군인이 될 수도 있었어.

노비를 비롯해 광대, 뱃사공 같은 사람들은 천민에 속했어. 천민은 과거를 볼 수 있는 자격도, 나라에 세금을 낼 의무도 없는 가장 천한 신분이었지.

> 고려의 왕권 경쟁과 정치적 혼란은 어느 정도 정리되었다. 그 뒤로 고려의 제6대 임금이 된 성종은 유교 사상을 고려의 정치 이념으로 삼아 고려의 기틀을 마련한다.

성종,
유교로 고려의 기반을 단단히 다지다

광종이 세상을 떠난 뒤, 아들 경종이 왕위를 이었지만 그 역시 6년 만에 세상을 떠나고 말아. 그때 경종의 아들은 겨우 두 살이었어. 왕의 자리에 오르기에는 너무 어렸지. 그래서 경종은 사촌 동생에게 왕위를 물려주게 돼.

그가 고려의 여섯 번째 왕 성종이야. 그런데 성종에게는 형도 있고, 동생도 있었어. 또 다른 사촌들도 있었고. 그런데도 성종이 왕위를 물려받은 이유는 무엇일까?

성종의 이름은 '치'야. 960년 왕건의 아들 중 하나인 왕욱의 둘째 아들로 태어났지. 성종의 부인은 광종의 딸 문덕 왕후로, 경종의 누나였어.

또 성종은 어머니가 일찍 돌아가셔서 어릴 적 외할머니 손에서 자랐는데, 성종의 외가는 경종의 외가와 같은 가문이야.

가족 관계가 복잡하지? 이래저래 경종과 성종은 매우 가까운 사이였다는 것만 알면 돼. 바로 이 때문에 경종은 두 살밖에 안 된 아들 대신 스물두 살의 사촌 동생에게 왕위를 물려주었지.

또 나중에 성종도 아들이 없어서 경종의 아들에게 다시 왕위를 넘겨주었다니 사이가 좋은 사촌이었네.

이렇게 지혜롭게 서로 왕위를 주고받은 것은 이들의 성품이 착한 덕분이기도 했지만, 이들 뒤에 있었던 외할머니의 영향도 있었어. 왕건의 부인이며 강력한 호족 세력이었던 외할머니가 당시 아주 큰 힘을 갖고 있었거든.

성종이 왕위에 오를 수 있었던 중요한 이유가 한 가지 더 있어. 바로 그의 됨됨이야. "학문이 깊고 인품이 높아 당시 사람들에게 칭찬을 많이 받았기 때문이다."라고 역사에도 기록되어 있는걸.

그런데 성종이 무슨 공부를 그렇게 잘했냐고? 영어? 수학? 과학?

힌트를 줄게. 앞서 광종이 과거 제도를 실시했다고 했지? 성종은 과거에서 시험을 보는 과목을 잘했어. 그 과목은 유교의 경전들, 바로 공자님 말씀을 연구하는 학문이었어.

고려의 젊은이들은 과거를 보기 위해 유교 경전을 열심히 공부했어. 유교 경전으로 시험을 보고, 그 시험 결과에 따라 벼슬길에 나아갈 수 있으니 관리가 되려는 사람이라면 누구나 그래야 했지. 그러면서 유교 사상이 고려 사회에 천천히 퍼져 나갔어.

성종도 그런 분위기 속에서 유교 경전을 공부하며 자랐어. 왕이 된 다음에도 성종 곁에는 과거를 통해 나라의 관리가 된 유학자들이 많았기 때문에 자연스레 유교 사상을 바탕으로 고려를 다스려 나갔지.

왕위에 오른 그해, 성종은 고려의 가장 큰 축제 가운데 하나인 팔관회를 없앴어. 낭비가 심한 행사인 데다 백성들에게 부담이 된다는 이유였지. 아, 나중에 팔관회는 부활해서 다시 실시되기는 했어.

그다음 해에는 또 이런 명령도 내렸어.

"내가 혹시 잘못된 정치를 할까 걱정되니 중앙 관리 가운데 5품 이상 되는 사람들은 각자 지금 정치의 좋은 점과 나쁜 점을 글로 적어 올리시오."

신하들의 의견을 적극적으로 듣겠다는 뜻이야. 이렇게 신하들의 의견을 잘 듣는 왕들은 대체로 좋은 왕이라고 할 수 있어. 왕 마음대로 나라를 다스리는 것보다 여러 사람의 의견을 잘 듣고 의논해서 나라를 다스리면 아무래도 더 나은 결정을 할 확률이 높아질 테니까.

이때 많은 신하들이 자신의 생각을 적어 성종에게 올렸어. 그중 최승로라는 사람이 쓴 〈시무 28조〉라는 글이 지금까지 전해 오는데, 어떤 내용인지 잠깐 살펴볼까?

'불교 행사를 치르는 데 돈과 힘을 낭비하지 말고 유교의 가르침에 따라 나라를 다스릴 것, 백성들의 삶을 안정시킬 것, 중요한 지방에 관리들을 보낼 것, 중국의 문물을 우리의 현실에 맞게 받아들일 것, 신라 말에 흔들린 신분 제도를 바로잡을 것.'

유교의 가르침에 따라 나라를 다스리려 했던 성종의 생각과 매우 비슷하네. 고려 초 신동으로 이름 높았던 최승로 역시 어렸을 때부터 유교의 교과서 격인 《논어》를 줄줄 외우던 유학자였거든.

이 글을 본 성종은 기뻐하며

나라를 다스릴 때는 유교의 가르침을 따라야지, 암.

오, 그래 그래!

전하, 이 최승로가 〈시무 28조〉를 올리옵니다.

최승로의 벼슬을 높여 주었어.

❖❖❖

성종은 최승로의 의견을 참고해 나라를 다스려 나갔어. 우선 중국의 제도를 본떠 나라를 다스리는 기관들을 정비했어. 조정의 기관들을 다시 고쳐 나갔다는 말이야. 나라의 정책을 세우는 최고 정치 기구인 중서문하성을 세우고, 여기서 세운 정책들을 실행하는 상서성도 만들었어.

그다음 전국 각지에 직접 관리를 내려보내 백성들을 다스리도록 했지. 그전까지는 각 지방 호족들이 백성들을 다스렸는데, 이제 왕이 임명한 관리가 왕의 명령에 따라 지방을 다스리도록 한 거야.

이렇게 되면 당연히 호족의 힘은 약해지고 왕의 힘은 더 강해지겠지? 또한 나라 전체를 한곳에서 다스리니 일을 훨씬 효율적으로 할 수 있다는 장점도 있었어. 이렇게 왕이 직접 지방에 관리들을 보내 다스리는 것을 좀 어려운 말로 '중앙 집권제'라고 해. 중앙, 그러니까 왕에게 권력이 집중된다는 뜻이야.

또 성종은 유교를 공부한 관리들을 더욱 많이 길러 내야겠다고 생각했어. 그래서 오늘날의 대학교라고 할 수 있는 국자감을 세워 인재들을 교육시켰지. 한편 지방에도 학자들을 보내 지방의 인재들까지도 수준 높은 교육을 받을 수 있도록 했어.

성종(960~997)
고려 제6대 임금. 유교 사상을 바탕으로
나라를 다스려 나갔고, 중앙 집권제를 완성했다.
또 국자감을 세워 나라의 인재를 길렀다.

백성들의 삶을 안정시키기 위해서도 많은 노력을 했어. 몸소 농사를 지어 모범을 보이기도 했고, 의창과 상평창이라는 기구를 만들기도 했지. 의창과 상평창이 뭐냐고?

　의창은 평소에 나라에서 곡식을 보관해 두었다가 흉년이 들었을 때 어려운 백성들에게 빌려 주고, 나중에 갚도록 한 기구야. 흉년이 들 때에도 백성들을 굶주리지 않게 하기 위한 제도를 펼친 것이었지.

　상평창은 풍년이 들어 곡식이 흔해지고 곡식 가격이 떨어지면, 그 곡식들을 나라에서 미리 사 두는 기구야. 나중에 흉년이 들어 곡식이 귀해졌을 때 내다 팔아 백성들이 비싸지 않은 값에 사 먹을 수 있도록 말이야. 백성들을 위한 참 똑똑한 정책들이네.

　성종이 이렇게 나라의 체제를 하나하나 잡아 가고 있을 때, 고려에 갑자기

위기가 닥쳐 왔어. 북쪽의 거란이 힘을 키워 고려로 쳐들어온 거야.

다행스럽게도 서희라는 외교관이 나서서 지혜롭게 일을 처리했지. 덕분에 전쟁을 피한 것은 물론, 압록강 동쪽의 강동 6주까지 얻어 고려의 영토가 압록강까지 넓어졌어. 훌륭한 외교관 서희의 이야기는 다음 장에서 자세히 해 줄게.

거란의 침입까지 잘 막은 성종은 서른여덟의 나이에 병을 얻어 세상을 떠났어. 앞에서 이야기했듯 자신의 조카이자 경종의 아들에게 왕위를 넘겨주고는 말이야.

◈ ◈ ◈

성종은 좋은 왕이었던 것 같지? 역사 속에서도 성종은 고려 시대 최고의 왕으로 꼽히곤 해.

그렇다고 성종의 정책이 다 옳았던 것은 아니야. 어떤 일이든 좋은 면이 있으면 나쁜 면도 있는 법! 유교를 바탕으로 나라를 다스리다 보니 지나치게 중국의 영향을 많이 받았어. 또 유학자들만 대우해 주어서 장수들이 정치에서 밀려났고, 그것은 고려의 군사력이 약해지는 결과를 낳기도 했지.

 이렇게 잘한 일도 있고, 아쉬운 일도 있지만 성종의 정책은 고려의 기틀을 마련하는 데 큰 공헌을 했어.

복습하는 인물 연표	981년	982년	983년	993년	997년
	성종이 고려 제6대 임금이 되어 유교 사상으로 나라를 다스리기 시작했다.	최승로가 성종에게 〈시무 28조〉를 올렸다.	전국에 12목을 설치하고, 관리를 내려보내 백성을 다스리기 시작했다.	거란이 고려를 침략했으나 서희가 물리쳤다.	성종이 죽고, 목종에게 왕위를 물려주었다.

고려는 짬뽕 종교의 나라!

광종과 성종 시대를 지나며 고려는 유교 사상에 따라 나라를 다스리기 시작했어. 그렇다고 오랫동안 함께해 온 종교인 불교를 밀어낸 건 아니었어.

유학이 나라의 정치와 교육에 영향을 주었다면, 불교는 백성들의 종교와 일상생활에 여전히 영향을 주었지.

고려의 많은 백성들이 부처님 말씀에 의지했고, 부처님의 가르침에 따라 채식을 했어. 장례와 제사도 불교식으로 치렀고. 도읍인 개경에는 집보다 절이 더 많았다는 기록도 전하는걸. 스님들의 신분도 높았어. 훌륭한 스님은 왕의 스승이 되어 나랏일에도 참여했지.

또 한편으로는 해와 달, 나무와 산에 신이 깃들어 있다고 믿는 전통 신앙을 따르기도 했고, 무당도 있었어.

그러니까 고려는 불교를 바탕으로 유교와 전통 신앙, 도교까지 모두 받아들인 나라라고 할 수 있을 거야.

> 평화롭던 고려에 993년 거란이 쳐들어왔다. 오랫동안 거란과의 외교를 거절해 온 고려는 크게 당황하고, 이때 서희가 나서서 거란의 소손녕과 담판을 벌이는데…….

서희,
세 치 혀로 거란을 물리치다

성종이 다스리던 시절, 고려는 평화로웠어. 정치적인 혼란은 끝났고, 유교를 바탕으로 나라의 기틀도 확실히 잡혀 가고 있었지.

그러던 993년, 고려가 세워진 지 75년이 되던 해에 갑자기 큰 위기가 찾아왔어.

거란의 장수 소손녕이 당시 고려의 왕 성종에게 편지를 보낸 거야.

"거란의 80만 군사가 도착했다. 만일 항복하지 않으면 고려를 멸망시킬 것이니 왕과 신하들은 빨리 와서 우리에게 항복하라."

거란은 압록강 위쪽 만주 지역에 살던 민족으로, 발해를 멸망시키고 중국 북부까지 세력을 넓히고 있었어. 그러다 요나라를 세우고 중국 땅에 있는 송나라를 압박했지. 막 힘이 강해지고 있는 나라였던 거야.

하지만 고려는 거란을 멀리했어. 송나라와는 활발하게 교류하며 친하게 지냈지만.

왜냐고? 잘 생각해 봐. 고려는 나라를 세울 때 고구려를 계승하겠다고 분명히 밝혔어. 또 고구려를 계승한 나라 발해를 오래전부터 형제의 나라로 생각해 왔지. 그런데 거란이 발해를 멸망시키고 옛 고구려의 땅을 차지했으니 감정이 좋을 리 없잖아.

고려는 왕건 때부터 거란이 제안해 온 외교 관계를 계속 거절했어. 왕건은 거란이 선물로 보낸 낙타 50마리를 모두 굶겨 죽인 적도 있는걸.

한편 날로 힘이 강해지고 있었던 거란은 송나라를 무너뜨리고 중국 전체를 차지하고 싶었어. 그런데 외교 관계를 거절하는 고려가 자꾸 신경 쓰이는 거야. 자신들이 송나라와 전쟁을 벌이는 동안 만일 고려가 뒤통수를 친다면?

서희 * 65

이래저래 염려하다가 아예 고려로 쳐들어오고 만 거야.

◈◈◈

소손녕은 단숨에 고려의 국경을 넘어와 성종에게 다시 편지를 보냈어. 거란이 이미 발해를 멸망시켜 옛 고구려 땅을 차지하고 있는데 고려가 자신들의 땅, 그러니까 옛 고구려 땅의 일부를 차지하고 있어서 벌주러 왔다고 말이야.

성종은 급히 신하들을 불러 의논했어. 어떤 신하들은 거란의 요구대로 항복하자고 했고, 어떤 신하들은 거란에 서경 이북의 땅을 떼어 주고 달래자고 했지.

이때 서희가 말했어.

"땅을 떼어 준다는 것은 나라의 치욕입니다. 적과 한번 싸움을 해 본 뒤에 다시 논의해도 늦지 않을 것입니다."

대체 뭘 믿고 싸워 보자고 나선 걸까? 거란은 새로 떠오르는 강대국이었는데 말이야. 똑똑한 서희는 알고 있었던 거야. 거란의 목적이 고려를 멸망시키는 데 있지 않다는 것을.

만일 고려를 멸망시키려 했다면 고려 왕이 있는 도읍 개경˚까지 단번에 쳐들어와야지 몇 번씩이나 편지를 보내며 준비할 시간을 주지는 않았겠지? 또 송나라와 팽팽하게 세력 다툼을 벌이고 있는 거란이 고려와 큰 전쟁을 일으킬 여유가 있을 리도 없고.

서희는 몇 해 전에 송나라에 사신으로 다녀온 적이 있었기 때문에 송나라

개경 고려의 도읍, 다른 이름으로 개성이라고도 함.

와 거란의 관계를 잘 알고 있었어.

성종의 답장이 늦어지자 소손녕은 그에 대한 보복으로 평안남도에 있는 안융진을 공격했어. 그런데 이 공격이 실패로 끝났어. 그 뒤 소손녕은 더 이상 공격하지는 않고 항복하라고 계속 독촉만 해 댔어. 뭐, 말만 80만 대군이지 별로 세지도 않았던 모양이야. 만주 벌판을 달리던 거란의 군사들이 고려의 산악 지대에 익숙하지 않았던 것 같기도 하고.

성종은 마지막으로 신하들에게 물었어.

"거란 쪽으로 가서 말로 적을 물리치고 공을 세울 사람 없는가?"

신하들이 모두들 고개만 숙이고 있을 때, 서희가 나섰어.

"제가 명령을 받들겠습니다."

살아서 돌아올 수 있을지 알 수 없는 자리였지만, 서희는 나라와 백성을 위해 기꺼이 나섰어. 성종은 이를 고맙게 여겨 직접 개경 북쪽 예성강 가까이 그를 배웅했다고 해.

마침내 서희는 왕의 외교 문서인 국서를 가지고 소손녕이 머무는 곳으로 갔어.

그런데 만나자마자 소손녕이 말도 안 되는 억지를 부리는 거야.

"나는 큰 나라의 귀인이니, 내게 절을 하시오."

서희의 기를 꺾으려는 수작이었지. 여기를 둘러봐도 저기를 둘러봐도 거란의 군사뿐이었지만 서희는 침착하게 대답했어.

"신하가 임금을 대할 때 절하는 것은 예법에 맞는 일이지만, 각 나라의 대신들이 마주하는 자리에서 어찌 그럴 수 있겠소?"

소손녕은 거란을 대표하는 신하로, 서희는 고려를 대표하는 신하로 동등하게 만났는데 서희에게 절을 하라니! 고려를 우습게 봐도 너무 우습게 본 거지. 서희는 당당히 거부했어.

그래도 소손녕이 계속 고집을 부리자 서희는 노한 표정을 숨기지 않으며

서희(942~998)
고려 전기의 외교가. 거란이 고려를 침입했을 때, 소손녕과 담판에 나서서 전쟁을 막고, 강동 6주 땅을 얻는 등 큰 외교적 성과를 거두었다.

숙소로 돌아와 꼼짝하지 않았어. 자신의 생명은 물론 나라의 운명까지 걸린 자리였지만 한 나라의 대신으로 자존심을 굽히지 않은 거야.

결국 소손녕은 서희에게 손을 들고 말았지.

제1라운드는 서희의 승!

마침내 서로 대등한 입장에서 협상이 시작되었어.

소손녕이 먼저 말했어.

"당신네 나라는 옛 신라 땅에 세워졌고, 옛 고구려 땅은 이제 거란의 것이 되었는데 어찌하여 당신들이 그 땅을 차지하고 있는가?"

그러니까 어느 나라가 옛 고구려 땅을 차지하는 게 맞느냐는 문제를 말한 거야. 서희는 조목조목 따졌지.

"그렇지 않소. 우리는 고구려의 후손이라는 뜻에서 나라 이름을 고려라 했고, 나라의 도읍도 고구려를 따라 서경으로 정했소. 그런데 거란이 옛 고구려 땅에 살고 있으니 도리어 땅을 내놓아야 할 것이오."

한 치의 틈도 없는 서희의 논리에 소손녕은 말문이 막혔어.

그렇게 제2라운드도 서희의 승리!

그런데 말이야, 사실 고려의 도읍은 서경이 아니고 개경이었어. 서경은 제2의 도읍이었지. 뭐 그래도 도읍은 도읍이니까! 또 소손녕은 그런 사실들을 잘 몰랐던 것 같아.

이번에는 소손녕이 다른 질문을 했어.

"그런데 왜 고려는 가까이 있는 우리는 등지고 송나라하고만 교류하는 것이오?"

쉽게 말하면 왜 자기네랑 친하게 지내지 않고 송나라랑 잘 지내냐 이런 거지. 사실 이것이 거란이 고려를 침입한 진짜 이유였어. 송나라랑 외교 관계를 끊고 자기네랑 외교 관계를 맺자는 거야.

서희는 어떻게 대답했을까? 보통 그쯤이면 알았다고 하고 거란이랑 국교를 맺는 것으로 이야기를 끝낼 텐데……. 그렇게만 해도 큰 전쟁을 막는 셈이잖아. 하지만 서희는 한발 더 나아갔어.

"그것은 여진˙이 가로막고 있기 때문이오. 압록강 쪽의 여진이 길을 가로막지 않는다면 어찌 그대들과 교류하지 않겠소?"

서희의 말은 여진을 내쫓고, 그 땅을 고려가 차지하면 거란과 국교를 맺겠다는 뜻이었어.

여진 만주 동북쪽에 살던 민족. 거란의 요나라에 속했다가 나중에 금나라를 세움.

결국 어떻게 되었느냐고? 성격 급하긴. 어떻게 되긴 어떻게 돼. 거란이 본래 침입한 목적은 고려와 국교를 맺는 것이었으니 그 약속을 받아 낸 소손녕은 그대로 돌아갔지! 고려는 80만의 거란군을 물리쳤을 뿐 아니라 영토를 압록강 동쪽까지 넓히게 되었어.

거란의 동의를 얻은 서희가 이듬해 직접 군대를 이끌고 가 여진족을 몰아냈거든. 그러고는 압록강 지역 강동 6주에 성을 쌓아 고려의 땅으로 삼았어.

서희의 완벽한 승리지!

비록 거란이 고려를 쳐들어오긴 했지만 결국 이익은 고려가 모두 챙긴, 우리나라 역사상 가장 성공한 외교라 할 수 있어. 그래서 서희를 우리 역사상 최고의 외교관이라고 하는 거고.

◈ ◈ ◈

서희에 대해 조금 더 자세히 알아볼까?

서희는 942년에 태어났어. 왕건이 거란에서 보낸 낙타들을 굶겨 죽인 바로 그해야. 열아홉 살 되던 해 과거에 급제했고, 그 뒤로 승진이 매우 빨랐다고 해. 아마 머리가 좋고 공부도 잘했던 거 같아.

그런 그가 외교관으로 뛰어난 능력을 펼치기 시작한 것은 972년 송나라에 사신으로 갔을 때야. 여진과 거란 때문에 육지 길이 막혀 바닷길로 어렵게 송나라에 도착했지만, 송나라 왕은 서희를 반갑게 맞지 않았어. 송나라가 세워진 뒤 10년이 넘도록 고려가 한 번도 사신을 보내지 않아 단단히 화가 나 있었거든.

그때 서희는 예의 바른 태도와 뛰어난 말솜씨로 여진과 거란이 길을 막아 그동안 고려가 사신을 보내지 못했음을 설명했어. 그러자 송나라 왕은 이내 마음이 풀려서 고려와 정식으로 외교 관계를 맺고, 서희에게 벼슬까지 내렸다고 해.

서희는 뛰어난 상황 판단력, 논리 정연한 말솜씨, 예의 바르면서 당당한 태도 등을 무기로 고려를 위기에서 여러 번 구했어.

만일 거란의 80만 대군이 고려를 정말 공격했다고 생각해 봐. 거란을 결국 물리쳤다 하더라도 수많은 군사들과 백성들이 목숨을 잃었을 거야. 또 문화재와 건축물이 훼손됐을 테고……. 그런데 대화로 그걸 막았으니 외교란 게 정말 중요한 거야!

갑자기 그런 생각이 드네. 서희가 만일 지금 살아 있다면, 독도가 자기네 땅이라고 막 우기는 일본한테 뭐라고 할까?

복습하는 인물 연표

942년	972년	993년	1010년	1018년
왕건이 거란이 선물로 보낸 낙타를 죽인 해. 서희가 태어났다.	서희가 송나라에 사신으로 가서 외교 관계를 맺고 왔다.	서희가 소손녕과 담판을 벌여 거란군을 물리치고 강동 6주를 얻었다.	거란이 두 번째로 고려를 침략했다.	고려에 세 번째로 침입한 거란을 강감찬이 귀주 대첩으로 물리쳤다.

끈질기게 침략한 거란, 굳세게 막아 낸 고려

서희의 활약으로 고려와 거란 사이에는 한동안 평화가 유지되었어. 그러나 거란, 그러니까 요나라는 시간이 지나면서 서희에게 내준 강동 6주가 슬슬 아까워졌어. 그 지역이 군사적으로 매우 중요하다는 사실을 나중에야 깨달았던 거야. 또 그사이 송나라를 공격해 항복을 받기도 한 터라 군사적으로도 자신감이 넘쳐 났지.

결국 1010년, 거란은 고려에 다시 쳐들어왔어. 이것을 거란의 2차 침입이라고 불러. 고려는 당시 왕이었던 현종이 도읍 개경을 떠나 피난을 가야 할 만큼 큰 위협을 받았지. 하지만 다행히도 고려군은 거란을 잘 막아 냈어.

이때 활약한 장군으로 양규라는 사람이 있어. 그는 흥화진이라는 성이 거란군에 포위되었을 때 성안에서 끝까지 저항했어. 또 흥화진을 포기하고 남쪽으로 내려가 다른 성을 공

조금 더 알아볼까?

격하는 거란군을 물리치고 성안의 백성 7,000명을 살렸지. 적이 돌아가는 길목을 지키고 있다가 포로가 된 고려 백성 1만여 명을 구해 내기도 했고.

2차 침입이 실패로 끝난 뒤에도 거란은 포기하지 않고 1018년, 세 번째로 고려를 공격했어. 이번에는 고려도 전쟁을 철저하게 준비한 상태였지.

이때는 강감찬 장군이 활약했어. 강감찬은 거란의 군사들이 강을 건너고 있을 때 막았던 강물을 터뜨려 큰 승리를 거두었고, 후퇴하는 거란군들을 귀주에서 기다렸다가 다시 한 번 크게 무찔렀어. 당시 살아 돌아간 거란군의 수는 겨우 몇천 명밖에 되지 않았대. 고려에 쳐들어올 때는 10만 명이 넘었는데 말이야.

이처럼 고려는 거란과의 30년 전쟁에서 승리했고, 고려에는 다시 평화가 찾아왔어.

이 강감찬이 있는 한, 거란군은 살아서 돌아갈 수 없을 것이다.

거란과 고려의 전쟁이 얼마나 치열했는지 이 귀주 대첩 기록화를 봐!

> 고려 인종 때에는 서경으로 도읍을 옮기자는 움직임이 생기고, 결국 묘청의 난이 일어난다.
> 김부식은 난을 진압한 뒤에 높은 관직을 얻었으나 곧 물러나 역사책 집필에 집중하는데……

김부식,
역사책 《삼국사기》를 짓다

지금까지 전하는 우리나라 역사책 가운데 가장 오래된 것은 무엇일까? 삼국 시대의 역사 인물을 살펴보면서 몇 번 말했는데……. 그래, 바로 《삼국사기》야!

'삼국사기'면 삼국 시대에 지은 책이냐고? 아니. 이 책은 삼국 시대가 다 지나고 고려 시대에 지었어.

삼국 시대 사람들도 역사를 기록했다고는 하는데, 오늘날 전하지는 않아. 그래도 《삼국사기》가 지어질 때쯤에는 삼국 시대의 책들이 여럿 남아 있었을 거야.

그러니까 《삼국사기》는 삼국 시대부터 전해 온 자료와 중국의 자료를 기초로 고구려, 신라, 백제의 역사를 총정리한 책이라고 할 수 있어. 이 책을 쓴 사람이 김부식이지.

물론 김부식 혼자 책을 다 쓴 건 아니야. 정확히 말하자면 그는 이 작업의 책임자였어. 자, 《삼국사기》 이야기는 나중에 더 하기로 하고, 먼저 김부식에 대해 알아보자.

◆ ◆ ◆

김부식은 1075년에 태어났어. 신라 왕실의 후손으로 집안 대대로 경주에 살았는데, 4형제가 모두 과거에 급제하자 도읍인 개경으로 올라왔지. 형제들이 모두 똑똑했나 봐. 김부식, 둘째 형, 동생, 이렇게 3형제는 당시 가장 학문이 높은 사람이 맡는다는 벼슬에 오르기도 했거든.

과거에 급제한 뒤로 김부식은 승승장구했어. 학문으로도 인정받았고, 시를 잘 짓고, 외교 문서도 잘 써서 고려 중기 최고의 문장가로 꼽힐 정도였지.

그런데 성격은 꼬장꼬장하기가 이루 말할 수 없었대. 그 일화를 하나 들어 볼래?

고려의 제17대 임금인 인종이 열네 살의 어린 나이에 왕위에 오르자 그의 외할아버지인 이자겸이 어린 왕을 휘둘러 대기 시작했어.

그러던 어느 날, 아직 어린 왕이 이런 말을 했지.

"이자겸은 내 외할아버지니 다른 신하와 똑같이 대우할 수 없다."

이 말은 이자겸을 공식적인 자리에서도 신하가 아닌 외할아버지로 대우하겠다는 거였어. 신하들은 당시 실질적으로 권력을 쥐고 있던 이자겸이 두려워서 얼른 대답했지.

"그렇다면 글을 올릴 때에도 '신'이라 하지 말고, 잔치 때에도 다른 신하들처럼 뜰에 있지 말고 천막 안에서 인사해야 할 것입니다."

당시 신하는 왕에게 글을 올릴 때 자신이 신하라는 뜻으로 '신'이라는 말을 썼어. 또 잔치 때 왕은 천막 안에 있지만 신하들은 뜰에 있는 게 법도였고. 하지만 이를 모두 무시하고 이자겸에게만 특별한 대우를 해 주자는 데 신하들이 동의한 거야.

모두가 이처럼 서로 눈치를 보고 있을 때, 김부식이 나섰어.

"사사로이 만났을 때에는 가족의 예로 대하지만, 임금과 신하로 만났을 때에는 여러 사람들이 하는 방법을 따라야 할 것입니다."

한마디로 공과 사를 구분하라는 거야. 궁중 안에서 외할아버지로 만날 때에는 모르지만, 공식적인 자리에서 왕과 신하로 만날 때에는 거기에 맞는 예를 지켜야 한다는 거지.

김부식의 이런 꼬장꼬장한 발언은 곧 이자겸의 귀에도 들어갔어.

"전하, 김부식이 아니었으면 제가 큰 잘못을 할 뻔했습니다. 그의 말을 따르시옵소서."

이자겸은 김부식의 말을 따르겠다고 왕에게 말했지만, 속으로는 김부식을 무척 얄미워했을지도 몰라.

권력에 대한 욕심이 컸던 이자겸은 나중에 스스로 왕이 되겠다고 반란을 일으키기까지 해. 청년이 된 인종이 생명의 위협을 받으면서도 결국 잘 물리쳐 냈지만 말이야.

◈ ◈ ◈

이자겸의 반란으로 궁궐까지 불에 타 버리자, 백성들 사이에서는 이제 개경의 시대가 끝났다는 소문이 돌기 시작했어. 그러면서 서경으로 도읍을 옮기자고 목소리를 높이는 사람들이 나타났지. 이들이 바로 승려 묘청을 중심으로 한 서경 세력이야. 인종도 서경 세력을 가까이하며 그들의 의견에 귀를 기울였어.

묘청과 서경 세력의 생각은 대체 무엇이었을까?

이자겸이 고려의 권력을 잡고 있던 무렵, 나라 밖에서는 여진족이 세운 금나라의 세력이 점점 더 커지고 있었어. 급기야 금나라는 고려에 군신 관계, 그러니까 임금과 신하의 관계를 맺자고 했지. 자기네들이 임금이고 고려가 신하라는 거야. 쳇, 말도 안 되는 소리!

하지만 이자겸은 금나라의 요구를 순순히 받아들였어. 금나라와 전쟁을 하면 자기가 쥐고 있는 권력을 잃을까 하는 걱정 때문이었지.

묘청은 이에 반대한 거야. 그래서 서경으로 도읍을 옮긴 뒤 금나라를 공격하자고 인종을 설득했어. 인종도 처음에는 서경으로 가자는 그들의 말을 들었지. 그러다 점차 묘청의 말을 의심하기 시작했어.

인종의 반응이 뜨뜻미지근하자 결국 묘청은 서경에서 난을 일으켰어. 그러나 새로운 임금을 세우자는 식의 반란은 아니었어. 개경에 그대로 있기를 주장하는 예전의 귀족 세력을 없애고, 왕을 설득해 서경으로 도읍을 옮기려던 것뿐이었거든. 또 난을 이끈 사람 몇몇이 개경에 남아 있다가 잡혀 죽음을 맞은 걸 보면 치밀하게 계획한 일도 아니었던 것 같아.

이 사건을 '묘청의 난'이라고 해. 이 난을 진압한 사람이 바로 김부식이지. 그 꼬장꼬장한 김부식 말이야. 묘청이 서경을 중심으로 한 새로운 세력이라면, 김부식은 개경을 중심으로 한 귀족 세력이라고 할 수 있어. 두 세력의 대결에서 김부식이 승리한 거야.

묘청의 난을 막은 뒤 김부식은 높은 관직에 올라 최고의 권력을 손에 넣었어. 하지만 그는 곧 상소를 올려.

"부귀에 연연하여 물러가지 않고 욕심을 부리면 반드시 죽는 법이니, 어진 이가 진출할 수 있도록 길을 열어 주겠습니다."

자기 자리에서 물러나겠다는 뜻이지. 최고의 권력을 얻었는데, 금세 물러나겠다니 잘 이해가 안 된다고? 그렇긴 하지만 김

상소 임금에게 올리는 글

부식으로서는 현명한 판단이었어. 너무 큰 권력을 쥐고 있다 보면 욕심이 커지기 마련이고, 그러다 화를 당하는 일이 역사에는 자주 있으니까. 뛰어난 역사가답게 역사에서 커다란 교훈을 얻은 모양이야.

인종은 김부식에게 젊은 학자들을 보내 주며 《삼국사기》를 편찬할 수 있

김부식(1075~1151)
고려 중기의 학자이자 정치가. 개경의 귀족 세력으로
최고 권력자의 자리까지 올랐지만, 벼슬자리를
내려놓은 뒤 역사책 《삼국사기》를 지었다.

도록 도와주었어. 김부식은 이 책을 편찬하는 목적에 대해 이렇게 말했지.

"선비들이 중국 역사는 잘 알지만, 우리나라 역사는 아는 것이 거의 없으니 그것이 안타까워 이 책을 편찬한다. 이 책을 통해 왕, 신하, 백성들의 잘잘못을 가리고 후세의 교훈이 되었으면 한다."

◆ ◆ ◆

김부식은 고려 중기 최고의 문장가 중 한 사람으로 중국에까지 이름을 널리 알렸어. 학문이 높고 인품이 꼿꼿한 유학자였으며, 묘청의 난도 진압했지. 그래도 오늘날 우리가 그 이름을 기억하는 가장 큰 이유는 《삼국사기》를 지은 사람이기 때문이야.

물론 김부식의 《삼국사기》는 몇몇 부분에서 비난을 받기도 해. 그의 조상이 신라 사람이다 보니 고구려, 백제보다 신라를 더 좋게 평가했다는 점, 백성들의 삶이 담긴 전설이나 설화 같은 이야기들은 싣지 않았다는 점, 중국의 입장에서 우리 역사를 바라본 부분이 있다는 점 등이야.

하지만 《삼국사기》가 우리 고대의 역사를 전해 주는 귀중한 자료이며, 문장이나 글 쓰는 방법 등에서 매우 수준 높은 책이라는 것은 분명해. 그건 김부식이라는 뛰어난 문장가이자 학자가 있어서 가능했던 일이고.

《삼국사기》를 완성한 뒤 김부식은 6년을 더 살았다고 해. 그리고 1151년 일흔일곱 살의 나이로 세상을 떠났지.

복습하는 인물 연표

1075년	1096년	1126년	1135년	1145년	1151년
신라 왕실의 후손 김부식이 태어났다.	김부식이 관직에 나아갔다.	인종의 외할아버지인 이자겸이 난을 일으켰다.	묘청이 난을 일으켰다.	김부식이 《삼국사기》를 편찬했다.	김부식이 세상을 떠났다.

고려 시대의 또 다른 역사책, 일연의 《삼국유사》

고려 시대에 삼국의 역사에 대해 지은 책이 또 하나 있어. 바로 《삼국유사》야.

《삼국유사》는 《삼국사기》보다 140년쯤 뒤에 일연 스님이 썼는데, 이 책은 《삼국사기》와는 성격이 조금 달라. 우선 나라의 지원을 받아 쓴 것이 아니라 일연 스님 개인이 쓴 책이기 때문에 《삼국사기》만큼 체계적이거나 잘 다듬어지지 않았어.

그러나 《삼국유사》는 고조선·부여·가야의 역사와, 백성들의 입을 통해 전해지던 이야기, 불교에 대한 내용까지 충실히 담고 있지. 이것은 《삼국사기》에서는 찾아볼 수 없는 내용이라서 그 가치를 인정받고 있어. 특히 단군 신화를 기록한 최초의 책이라는 점에서 높은 평가를 받아.

그런데 일연 스님은 왜 역사책을 썼을까? 몽골이 쳐들어와 고통받던 고려 백성들에게 우리 역사와 문화를 알리고, 나라를 지킬 힘을 북돋아 주기 위해서였다고 해.

> 고려 조정이 문신만 대우해 주자 불만을 품은 무신들이 난을 일으켰다. 그 뒤 천대받던 사람들이 높은 자리에 오르는 일이 생기면서 고려 신분 제도가 조금씩 흔들리기 시작하는데……

만적, 노비의 해방을 외치다

세월이 흘러 1198년 5월, 어느 날의 이야기야.

만적이라는 노비가 주변의 노비들을 모아 놓고 열띤 목소리로 이렇게 외쳤어.

"경인년부터 고관대작이 천민 노예에서 많이 나왔다. 왕후장상의 씨가 따로 있겠는가? 시기만 만나면 누구나 될 수 있다. 우리도 어찌 채찍 아래에서 뼈 빠지게 일만 하겠는가?"

무슨 말인지 하나도 모르겠다고? 그래, 어려운 말이 많네. 차근차

근 그 의미를 알아볼까?

먼저 경인년은 옛날식으로 표기한 연도로 1170년을 말해. 고관대작이라는 말은 지위가 높은 벼슬자리를 뜻하고. 그럼 왕후장상은 뭘까? 왕과 제후˙, 장수와 재상˙을 가리키는 말이야.

자, 그럼 만적의 말을 풀어 써 볼까? '1170년부터 노비들 가운데 지위가 높은 사람들이 많이 나왔으니, 우리라고 높은 사람이 되지 말란 법이 없다.' 뭐 이런 뜻이야.

고려 시대 노비가 상당히 유식하고 앞선 생각을 했네. 타고난 신분을 그저 운명으로 받아들이던 시대에, 어느 누구도 이 운명을 바꿀 수 있다고 생각하지 못하던 시대에, 만적은 노비의 해방을 꿈꾼 거야!

만적은 도대체 어떤 사람이었을까? 또 1170년에는 무슨 일이 있었기에 노비들이 높은 벼슬까지 오를 수 있었던 걸까?

❖ ❖ ❖

일단 1170년으로 돌아가 보자.

아차, 그 전에 잠시 복습해 볼까? 광종이 과거를 통해 유학을 공부한 관리를 뽑아 썼고, 성종 때에는 유교를 장려해서 고려에 유교가 자리 잡기 시작했다는 것, 기억나니? 고려를 침략한 거란이 물러가고 고려에 평화가 찾아왔다고 했던 것도?

이 사실을 머릿속에 잘 기억하고 다시 이야기를 시작해 보자.

제후 넓은 땅을 가지고 거기에 있는 백성을 지배했던 사람
재상 임금을 돕고 모든 관리를 지휘하던 벼슬아치

고려는 전쟁이 없는 평화로운 시기를 누리고 있었어. 또 이때는 과거를 통해 관리를 뽑다 보니, 힘 센 무신보다는 글공부 잘하는 문신이 벼슬길에 나가기 더 쉬웠어. 물론 관직에 나가서도 높은 관직은 문신들이 몽땅 차지하고 더 나은 대우를 받았고. 그러자 무신들의 불만이 커져 갔지.

그런데 문신과 무신이 뭐냐고? 고려 시대부터 나라 관리들은 크게 두 부류로 나뉘었어. 행정적인 일을 하는 관리들을 통틀어 문신이라고 했고, 지금의 군인처럼 군사에 관한 일을 하는 관리들을 무신이라 했지.

문신들은 과거를 통해 관리가 되니 글공부를 많이 했지만, 무신은 무술 실력으로 관리가 되니 당연히 공부 실력이 모자랐어. 무신 가운데에는 신분이 낮은 사람들도 꽤 있었고. 그러다 보니 문신들이 무신들을 무시하는 경우도 많았어.

한편 나라가 안정되자 왕과 귀족들은 사치와 향락에 빠져들었어. 조정이 백성의 삶을 돌보지 않으니 백성들의 처지는 매우 어려웠지.

고려의 제18대 임금 의종 역시 나랏일은 제쳐 두고 신하들과 어울려 놀기

바빴어. 특히 경치 좋은 곳을 찾아다니며 문신들과 잔치를 벌이기 좋아했는데, 이 흥겨운 잔치에서 무신들은 항상 제외되었어. 잔치를 즐기기는커녕 보초를 서느라 고생만 해야 했던 거야.

그러던 어느 날 의종은 고생하는 무신들을 불러 수박희를 열었어. 수박희는 맨손으로 무예를 겨루는 시합을 말해.

한참 수박희를 하는 도중 나이 많은 장군 하나가 젊은 무관에게 지고 말았어. 아무리 장군이라지만 나이가 많으니 그럴 수도 있지 뭐.

그런데 그걸 구경하던 젊은 문신 하나가 버럭 성내며 일어났어.

"한심한 장군!"

그러고는 철썩! 장군의 뺨을 때린 거야. 그걸 옆에서 보고 있던 의종과 다른 문신들은 함께 비웃었고.

그날 밤, 무신들은 더 이상 이런 수모를 참을 수 없다고 뜻을 모았어. 그동안 꾹꾹 눌러 왔던 분노가 그 사건을 계기로 뻥 터져 버린 거지.

이들은 바로 칼을 빼들고 그곳에 머물던 문신들을 모두 죽였어. 의종 역시 거제도로 내쫓고

결국에는 죽여 버렸지.

그렇다고 왕의 자리까지 노린 건 아니야. 나라를 다스릴 준비도 되어 있지 않았고, 공부를 충분히 한 것도 아니었으니까. 일단 왕의 동생을 불러 왕위를 잇게 하고는 그 뒤에서 권력을 휘두를 생각이었어.

이것을 '무신의 난'이라고 해. 무신들이 반란을 일으켰다는 뜻이야. 그 뒤로 고려 사회는 롤러코스터를 타는 듯 심하게 출렁였어.

처음에 무신의 난을 이끌었던 것은 정중부, 이의방, 이고였어. 그러다 이내 이들은 서로 싸우기 시작해. 이의방이 이고를 죽이고, 경대승은 정중부를 죽이고……. 고려의 최고 권력자는 계속 바뀌었어.

그러다가 이의민이라는 인물이 재상이 되어 10년 동안 나라를 다스렸어. 여기에서 놀라운 사실! 이의민은 원래 노비 출신이었어. 본래 키가 크고 힘이

세서 군인이 되었다가 무신의 난 때 많은 공을 세웠는데, 임금 의종을 직접 죽였다고 해. 왕을 죽인 공을 인정받아 대장군에 올랐다가 최고의 권력까지 잡은 것이지.

천민 출신이 최고 권력자가 되다니! 당시 고려는 힘과 실력만 있으면 신분의 한계까지 뛰어넘을 수 있는 세상이었던 거야.

그런 이의민을 죽이고 이번에는 최충헌이 권력을 잡았어.

"이의민은 왕을 죽인 역적입니다. 이 나라를 위해 그를 죽였으나 왕께 허락을 받지 못했으니 죄를 내리시옵소서."

최충헌은 지금까지 권력을 잡았던 무인들과는 달랐어. 힘만 센 게 아니라 나라를 어떻게 다스려야 하는지 조금은 알고 있었거든. 그는 앞선 무신들과 다른 모습을 보이기 위해 노력했고, 덕분에 비교적 오랫동안 권력을 유지할 수 있었지.

최충헌은 자신의 아들, 또 그 아들의 아들에게까지 권력을 물려주며 4대에 걸쳐 62년 동안이나 고려를 실질적으로 지배했어. 자기 마음에 안 들면 왕까지 갈아 치워 가면서 말이야.

◇ ◇ ◇

만적은 바로 최충헌의 사노비였어. 사노비는 개인에게 소속된 노비라는 뜻이야. 노비였기 때문에 만적이 언제 태어났는지 어떻게 자랐는지에 대한 기록은 전하지 않아.

사노비 만적은 고려 사회에서 가장 신분이 낮았어. 주인 마음대로 다른 사람에게 팔 수도 있고, 주인이 죽으면 그 자손에게 상속되기도 하는, 그야말로 도구 같은 존재일 뿐이었지.

죽이지만 않는다면 주인은 무슨 짓을 해도 죄가 되지 않았어. 가장 적게 먹고, 가장 적게 입고, 죽을 때까지 주인이 시키는 일을 해야만 했던 만적! 아, 정말 불쌍하다. 지금의 우리로서는 상상조차 하기 어려운 일이야.

만적은 제대로 된 가정을 이룰 수도, 공부를 할 수도 없었어. 그러나 이 불행한 운명을 원망조차 하지 못했지. 태어나면서부터 그랬기 때문에 그렇게 살아야 하는 줄로만 알았거든.

그랬던 만적의 입에서 왕후장상이라는 말이 나오다니! 엄청난 일이었어. 고려의 신분 제도 자체를 부정하는 것이었으니까.

물론 만적이 그런 생각을 하게 된 데에는 이유가 있었어. 무신의 난을 통해 천민이 권력의 꼭대기까지 올라가는 걸 보았거든. 이때 무신들은 권력 다툼을 하느라 자신들을 보호하기 위해 힘깨나 쓰는 노비들을 호위 무사로 두었는데, 이 무사들이 제법 높은 자리에 오르는 것도 보았지.

그러면서 만적의 주먹에도 불끈불끈 힘이 들어갔어. 저들도 하는데, 나라고 못 할쏘냐, 뭐 그런 생각이 들었겠지?

그런데 만적은 여기에서 한발 더 나아갔어. 나만 출세해서 잘 먹고 잘살자가 아니라, 모든 노비들이 힘을 합쳐 노비가 없는 새로운 세상을 만들자고 다짐한 거야!

그 결심이 굳어지자 만적은 주변의 노비들을 모아 놓고 연설을 했어. 다 함께 힘을 모아 노비 없는 세상을 만들자고 말이야. 그 자리에 모인 많은 노비들은 이 말에 모두 환호하며 찬성했어.

또 만적은 누런 종이 수천 장을 오려 '정(丁)' 자를 써 사람들에게 나누어 주었어.

"각자 이 글자를 달고 약속한 날에 모입시다."

왜 '정' 자를 썼냐고? '정' 자에는 '양인'이라는 뜻이 있어. '천인'이 아니라 '양인', 다시 말해 노비가 아니라 일반 백성이 되고 싶다는 뜻이지.

"우리가 궁궐 가까이에 있는 흥국사에 모여 북 치고 소리를 지르면, 궁궐에 있던 노비들이 먼저 처단할 사람들을 처단할 것이오. 그럼 우리는 최충헌을 죽이고 각자 자기 주인들까지 죽인 뒤 노비 문서를 불태워 버리는 겁니다."

주인들은 노비에 대한 권리를 보장받는 노비 문서를 갖고 있었거든. 그러니 노비 문서를 없애면 노비였다는 증거도 사라지는 거지.

마침내 약속한 날이 되었어. 그런데 모인 사람은 겨우 수백 명. 만적은 실망했어. 이 숫자로는 성공할 수 없을 테니까.

"오늘은 이대로 돌아가고 며칠 뒤 다시 모입시다. 단, 무슨 일이 있어도

만적(?~1198)
고려 무신 정권 시대의 사노비. 노비 신분에서 벗어나 양인이 되고자 난을 일으켰지만 성공하지 못하고 죽음을 맞았다.

비밀을 지켜야 하오. 우리의 일이 밖으로 알려지는 날에는 모두 죽음을 면하기 어려울 것이오."

하지만 순정이라는 노비는 겁이 났어. 그날 모인 사람 수로 봐서는 봉기가 성공하지 못할 거 같았거든. 만일 성공하지 못한다면 목숨을 지키기 어려울 거라 생각했지.

순정은 결국 자기 주인에게 가서 모든 사실을 털어놨어. 그의 주인은 바로 최충헌을 찾아가 고발했고.

그래서 어떻게 됐냐고? 최충헌은 만적을 비롯해 100여 명의 노비들을 잡아다가 꽁꽁 묶어서 강물에 던져 버렸어. 순정에게는 은 80냥과 양인 신분을 상으로 주었고. 동료들을 배신한 대가로 순정은 노비의 신분에서 벗어난 거

야. 어휴, 너무 얄밉다.

죽기 전에 만적은 어떤 생각을 했을까? 순정을 원망했을까? 노비 문서를 없애자는 데 힘을 모으지 않은 다른 노비들의 어리석음을 한탄했을까?

이렇게 만적의 봉기는 허무하게 끝났어. 그러나 태어날 때부터 주어진 신분을 벗어나려는 몸부림이 시작되었다는 건 매우 중요한 일이야. 그 뒤로도 고려에는 비슷한 봉기가 이어졌지. 진주에서 노비들이 봉기에 성공해 1년간 그 일대를 장악한 적도 있었고, 개경에서 노비들이 군대를 만들어 군사 훈련을 하다 발각된 적도 있었어.

그럼, 만적의 꿈처럼 우리 역사에서 노비가 해방된 것은 언제일까? 바로 1894년이야. 만적이 노비의 해방을 외치고 700여 년이나 지난 뒤에 비로소 이루어졌네.

만적은 너무 앞선 꿈을 꾸었던 걸까? 그래도 만적 같은 노비가 있었기에 다른 노비들도 언젠가는 좋은 세상이 올 것이라고, 희망을 가질 수 있지 않았을까?

	1170년	1176년	1183년	1196년	1198년
복습하는 인물 연표	문신에 비해 차별 대우를 받던 무신들이 난을 일으켰다.	망이·망소이가 난을 일으켰다.	노비 출신인 이의민이 고려 최고의 권력자가 되었다.	만적의 주인인 최충헌이 고려 최고의 권력자가 되었다.	만적이 노비들을 모아 난을 일으키려다 실패했다.

망이·망소이의 난에 깃든 고려 백성들의 목소리

무신의 난이 일어날 즈음, 고려 왕과 문신들은 사치와 향락에 빠져 백성들의 삶을 돌보지 않았어. 무신들이 권력을 잡은 뒤에도 백성들의 삶은 나아지는 게 없었지. 그러자 화가 난 백성들이 전국에서 들고일어나기 시작했어. 그중 대표적인 것이 망이·망소이의 난이야.

고려의 특수 행정 구역 가운데 '소'라는 게 있었어. 소는 나라에 바칠 종이나 숯과 같은 수공예품을 만드는 사람들이 사는 곳이야. 망이와 망소이가 살던 곳은 명학소라는 곳이었고. 그런데 소에 사는 사람들은 이런저런 세금이 일반 백성들보다 많았어. 그 지역 안에서만 살도록 하는 등 차별도 있었지.

여기에 불만을 품은 망이와 망소이가 차별을 없애 달라며 난을 일으킨 거야. 처음에는 기세가 얼마나 대단했는지 조정에서 보낸 3,000명의 군사를 다 무찌를 정도였대.

정부군의 대대적인 공격에 결국 항복하고 말았지만, 일반 농민들까지 참여해 1년 반이나 이어지면서 고려 사회를 크게 흔들었던 엄청난 사건이었지.

농민과 천민들이 힘을 모으자!

> 13세기 초 전 세계를 떨게 만든 몽골이 고려를 침략했다. 이로써 백 년 넘게 이어지던 무신 정권은 무너졌지만, 그들의 군대 삼별초만은 남아 끝까지 저항하는데…….

배중손,
삼별초를 이끌고 몽골에 맞서다

무신의 난 뒤로 고려 사회에 이어졌던 혼란은 최충헌이 정권을 잡으면서 어느 정도 잠잠해졌어.

그러나 안심하기는 일렀지. 그 무렵 무시무시한 위험이 고려에 그림자를 드리우고 있었거든. 그건 고려뿐 아니라 전 세계를 떨게 만들 정도의 엄청난 위험이었어.

바로 몽골 제국! 칭기즈 칸이라는 이름 들어 봤니?

칭기즈 칸은 몽골 초원에 흩어져 살던 여러 부족을 통일한 사람이야. 그러고는 아시아뿐 아니라 러시아, 유럽까지 점령하면서 50년 만에 몽골을 세계에서 가장 큰 나라로 만들었지. 당시 몽골의 기마병들은 말 위에서 활을 쏘고 칼과 창을 휘두르며 잔인하게 다른 나라들을 점령해 갔어.

고려도 1231년부터 30년 동안 무려 여섯 번이나 몽골의 침입을 받았지. 칭기즈 칸의 뒤를 이어 몽골 황제의 자리에 오른 우구데이는 금나라를 정복하려는 계획을 갖고 있었어. 그러던 중 혹시나 고려가 금나라를 돕지 않을까 염려해 고려에 먼저 쳐들어온 거야.

몽골군이 처음 침입했을 때, 고려군과 백성들은 귀주성에서 3개월 동안이나 몽골군을 막아 냈어. 고려 백성들이 강하게 저항하자 몽골군은 귀주성은 포기했지만, 그 길로 남쪽으로 내려가 도읍 개경을 비롯해 고려의 한복판인 충주와 청주까지 짓밟아 버렸어.

고려는 결국 몽골과 타협해야 했어. 몽골에 많은 양의 공물을 바칠 것, 왕족과 귀족의 자녀 수백 명을 인질로 보낼 것, 고려 곳곳에 몽골의 관리를 두고 감시하게 할 것 등을 조건으로 하고 말이야.

 으, 굴욕적인 일이다. 하지만 어쨌든 몽골군은 물러났고, 고려는 살아남았어.

❖ ❖ ❖

당시 고려의 왕은 고종. 물론 고종은 허수아비 왕이었고, 최고 권력자는 최충헌의 아들 최우였지. 이들은 몽골군이 다시 쳐들어올 것에 대비해서 강화

기마병 말을 타고 싸우는 병사
귀주성 평안북도에 위치한 고려 시대의 성곽

도에 성을 쌓고 그곳으로 옮겨 갔어. 관리들과 군사들도 함께 말이야.

왜 하필 강화도였을까? 몽골군은 초원에서 말을 타고 싸우는 데는 익숙했지만 바다에서의 싸움에는 약했어. 그런데 강화도는 사방이 바다로 둘러싸인 섬이잖아. 또 주변의 물살이 빠르고 배를 댈 수 있는 곳도 많지 않아 몽골이 공격하기 어려웠지. 한강을 끼고 있었기 때문에 여러 지역에서 올라오는 세금을 거두기에도 유리했고.

문제는 강화도가 그리 넓지 않아 고려의 백성들이 다 갈 수는 없었다는 거야. 그런데 생각해 봐. 왕과 관리, 군사들은 이미 다 강화도로 들어가 버렸는데, 만일 몽골이 또 쳐들어오면 나머지 백성들은 어떻게 하지?

고려가 강화도로 도읍을 옮겼다는 소식이 전해지자 몽골은 당장 강화도에서 나오라고 했어. 권력을 잡고 있던 무신 정권이 끝내 말을 듣지 않자 몽골은 다시 쳐들어왔지.

그렇게 몽골은 다섯 번이나 더 쳐들어와서 고려의 땅을 짓밟고, 많은 백성들을 죽이거나 노예로 잡아갔어.

한편 고려의 농민과 천민들은 스스로 군대를 만들어 몽골군에 끝까지 맞섰어. 고려 백성들이 그토록 거세게 저항하자 몽골도 당황했지. 몽골의 침략에 그렇게 오랫동안 맞선 나라가 거의 없었거든.

몽골은 계획을 바꾸기로 했어. 고려를 공격하기보다는 살살 구슬려 자기편으로 만들기로 한 거야. 중국의 송나라를 완전히 차지하지 못한 상황이었

기 때문에 이 방법이 더 낫겠다고 판단한 것이지.

몽골은 고려에 화해하자며 조건을 걸었어. 무슨 조건이냐고? 고려 왕이 직접 몽골에 와서 인사를 하고, 개경으로 도읍을 다시 옮기라는 것이었어.

이에 고려 조정에서는 몽골과 화해하고 전쟁을 끝내자는 사람들, 계속 맞서야 한다는 사람들이 서로 팽팽히 맞섰어.

강화도로 들어가는 데 앞장섰던 무신 정권은 끝까지 싸우자는 쪽이었어. 하지만 그 무렵 최우의 손자 최이가 다른 무신들과 권력 다툼을 벌이다 죽임을 당하고, 무신 정권은 무너지고 말아.

그러자 전쟁을 끝내야 한다고 주장하던 고려 왕은 결국 몽골과 화해를 하고 개경으로 다시 돌아왔지.

휴, 그럼 60년 넘게 이어진 최씨 무신 정권은 드디어 끝난 걸까? 그렇긴 한데, 최씨 무신 정권이 만든 군대인 삼별초는 아직 남아 있었어.

이때 삼별초를 이끌었던 인물이 바로 배중손이야.

◈ ◈ ◈

이번 이야기의 주인공을 만나기까지 설명이 참 길었다. 몽골의 침입을 이야기하지 않고는 삼별초와 배중손을 이해하기 어려워서 그랬으니 부디 이해해 줘.

몽골이 고려에 쳐들어오기 전에 배중손이 어떻게 살아왔는지 전하는 기록은 없어. 여러 관직을 거쳐 원종 때 장군으로 있었다는 이야기만 남아 있을 뿐이야.

 여기에서 잠깐, 삼별초에 대해서도 이야기하고 가야겠다.

삼별초를 처음 만든 것은 최충헌의 아들 최우였어. 최우는 힘이 세고 무술이 뛰어난 사람들을 모아 밤에 순찰을 돌게 했어. 이들을 '야별초'라 불렀지. 야간 순찰을 도는 특별 부대라는 뜻이야.

야별초의 숫자가 점점 많아지자 좌별초와 우별초로 나누었고, 여기에 몽골에 포로로 잡혀갔다 탈출한 병사들로 이루어진 신의군까지 만들어 좌별초, 우별초와 함께 '삼별초'라 한 거야.

삼별초는 당시 가장 날쌔고 용감한 군대였어. 그러나 무신 정권은 이들을

나라를 위해 쓰지 않고 자신들의 권력을 지키는 데에만 이용했어. 몽골군이 쳐들어와 고려 백성들을 짓밟을 때에도 삼별초는 강화도에 머물며 무신 정권을 보호했지.

그랬기 때문에 고려 왕 원종은 개경으로 돌아가면서 말했어.

"삼별초를 해산한다."

원종 입장에서 보면 왕보다 더 큰 권력을 가졌던 무신 정권의 군대가 여전히 남아 있다는 게 마땅치 않았을 거야. 또 삼별초는 무신 정권을 도와 원종을 폐위*시키려고도 했거든. 그러

폐위 왕의 자리에서 몰아냄.

니 개경으로 돌아가면 삼별초는 해산되거나 벌을 받을 게 뻔했어.

삼별초를 이끌던 배중손도 그걸 잘 알았고. 그러니 개경으로 떠날 마음은 털끝만큼도 없었지. 그는 원종의 명령을 거부한 채 강화도에 남았어.

강화도에 남은 배중손은 거리로 사람들을 내보내 외치게 했어.

"지금 육지에서는 몽골군이 침입하여 고려 백성들을 마구 죽이고 있으니 나라를 도우려는 사람들은 다 모이시오!"

아직 강화도에 남아 있는 백성들을 모으려는 작전이었어. 하지만 전쟁으로 지친 백성들은 다급히 육지로 달아나려고만 했어. 그 와중에 물에 빠져 죽은 사람도 많았지.

그러자 배중손은 사람들 앞에 직접 나와 소리 높여 연설했어.

"어리석은 왕이 몽골에 달라붙어 제 죽을 줄도 모르고 몽골군의 길잡이가 되었습니다. 왕이 강화에서 개경으로 조정을 옮기라 하더니 우리 삼별초를 해산하라고 명령했습니다.

몽골은 항복한 나라를 그대로 둔 적이 없습니다. 오래전에 서하˚의 항복을 받아들이는 척하더니 결국 그 왕을 죽이고 백성들을 모두 죽였습니다. 삼별초를 해산하고 개경으로 나가면 고려도 그 꼴이 되고 말 것입니다. 자, 여러분은 못난 왕의 말에 따라 삼별초를 해산하고 순한 양처럼 끌려 나가 오랑캐˚의 말 아래 머리를 굴리겠습니까? 아니면 새 임금 새 조정을 세우고 오랑캐에 대항하여 나라를 구하고 목숨을 지키겠습니까?"

서하 몽골 서쪽에 있던 나라였으나 몽골에 멸망당함.
오랑캐 다른 민족을 낮잡아 부르는 말

그러니까 자신들이 왜 왕을 따라가지 않는지, 왜 강화도에 남아 싸우는지, 그 이유를 사람들에게 설명한 거야. 좀 어려운 말로 하면 '명분'이라는 것을 세운 거지.

본래 싸움을 할 때는 명분이라는 게 중요해. 내가 무엇 때문에 싸우는지 그럴듯한 이유가 있어야 다른 사람을 설득하고, 내 편이 되게 할 수 있을 거 아니야. 그래서 배중손도 '우리는 몽골과 화해하는 것에 반대한다.'는 명분을 내건 거야.

어때, 폼 나지?

명분을 만든 뒤에는 강화도에 남아 있는 왕족 가운데 '온'을 협박해 왕으로 세웠어. 몽골과 타협하고 개경으로 간 왕은 더 이상 자기네 왕이 아니라는 뜻이었지.

이들은 이렇게 새 정부를 세우고 일단 강화도를 떠나기로 해. 개경과 가까운 강화도에서는 오래 버틸 수 없다고 판단한 거야. 틈만 나면 육지로 도망가는 사람들이 많은 데다, 강화도가 몽골군으로부터는 안전할지 모르지만 물길에 익숙한 고려군으로부터는 안전하지 않았으니까.

배중손이 이끄는 삼별초는 전라남도 진도로 가기로 했어. 진도는 일단 개경에서 거리가 멀어 안전하고, 우리나라에서 세 번째로 큰 섬이라 많은 사람들이 자리 잡을 수 있었지. 땅이 좋아 농사짓기에도 유리했고.

그렇게 강화도에서 진도로 이동한 삼별초의 배는 1,000척이나 되었다고 해. 그러고 보니 무시할 수 없을 만큼 큰 세력이었네. 이들은 진도에 자리 잡은 뒤에 오래 버틸 수 있도록 성을 세웠어. 또 마산, 진해, 거제 등 주변 전라도와 경상도 바닷가 마을들까지 차지하고, 얼마 뒤에는 제주도까지 그 세력을 넓혀 갔지.

　그렇게 세력을 넓힐 수 있었던 것을 보면, 당시 몽골에 반대한다는 이들의 명분에 찬성하는 사람들이 제법 많았던 듯해. 하긴 오랜 세월 몽골에 지독히 시달려 왔으니까.

　서쪽과 남쪽 해안을 차지한 삼별초는 개경으로 올라가는 배들을 공격해 세금을 빼앗기도 했어. 고려 정부는 골치가 아팠지. 그렇지 않아도 전쟁으로 폐허가 된 나라를 되살리려면 물자가 많이 필요한데, 중간에서 세금을 가로채니 말이야.

　결국 고려 정부는 몽골군의 힘을 빌려 삼별초를 공격했어.

　어떻게 외국군, 그것도 몽골군의 힘을 빌려 우리나라 군대를 공격하느냐고? 그래, 속상한 일이긴 해. 하지만 그때 이미 배중손과 삼별초는 새 왕을 세우고 그 왕이 진짜라고 주장하고 있었으니, 그대로 두고 볼 수도 없는 노릇이었지.

　고려와 몽골의 연합군은 마침내 진도를 공격했고, 삼별초는 큰 타격을 받았어. 이때 배중손도 죽음을 맞았고.

남은 삼별초는 제주도로 숨어들었지만, 얼마 가지 못하고 무너지고 말아. 삼별초의 저항은 그렇게 3년 만에 끝이 났어.

한동안 우리 역사에서 삼별초는 몽골에 끝까지 저항한 군대로 큰 칭찬을 받았어. 마지막까지 몽골군에 저항한 것은 사실이니까.

그런데 앞에서도 말했지만, 삼별초는 처음부터 나라와 백성을 지키기 위해 만들어진 군대가 아니었어. 그저 무신 정권을 보호하기 위한 것이었지. 배중손이 몽골에 끝까지 저항한 것도 나라와 백성이 아닌 자신들의 안전을 지키기 위해서였고.

자, 배중손과 삼별초를 우리는 어떻게 평가해야 할까? 그래도 몽골에 끝까지 저항한 정신만은 인정해 주어야 할까?

복습하는 인물 연표

1219년	1231년	1232년	1270년	같은 해	1273년
무신 정권의 최우가 만든 야별초에서 삼별초가 탄생했다.	몽골이 고려를 침입했다.	몽골을 피해 고려 조정이 강화도로 도읍을 옮겼다.	무신 정권이 무너진 뒤, 고려 조정이 개경으로 돌아왔다.	배중손이 이끄는 삼별초가 몽골에 맞서 항쟁을 시작했다.	삼별초가 고려와 몽골의 연합군에 끝내 패배했다.

맨몸으로 몽골에 저항한 고려 백성들과 김윤후

몽골이 침략해 고려의 왕과 관리들이 모두 강화도로 피신한 뒤, 백성들은 거의 무방비 상태로 버려졌어. 백성들은 산속 깊숙이 몸을 숨기거나 스스로 싸워야 했지.

승려였던 김윤후는 몽골이 쳐들어오자 경기도 용인시에 있는 처인성으로 몸을 피했어. 그곳에서 1,000여 명의 백성들과 함께 성을 공격해 오는 몽골군에 맞서 싸웠지. 김윤후의 화살이 몽골군 총사령관 사르타이를 쏘아 죽이자 당황한 몽골군은 후퇴했어. 승려인 김윤후가 세계를 벌벌 떨게 만든 몽골군을 물리친 거였어!

그리고 20년 뒤 고려에 몽골군이 또 쳐들어왔을 때, 김윤후는 이번에도 충주성에서 몽골군에 맞서 70일 동안이나 싸웠어. 전투가 길어지면서 식량이 떨어지고 백성들이 지쳐 가자 김윤후는 노비 문서를 불태우며, 공을 세우면 신분에 관계없이 상을 주겠다고 약속했어. 그 말에 백성들은 용기를 얻어 죽기를 각오하고 싸워서 몽골군을 크게 이겼고.

나라와 군대가 보호해 주지 않아 스스로 자신을 지켜야 했던 불행한 시대였지만, 우리 백성들은 참 용감하고 대단했어.

▶▶ 전쟁은 끝났지만 고려는 100년 넘게 몽골의 간섭을 받아야 했다. 고려 제31대 임금이 된 공민왕은 원나라를 완전히 몰아내고 자주적인 강한 나라를 만들고자 노력하는데…….

공민왕,
고려의 자주 개혁을 이끌다

공민왕은 고려의 제31대 임금이야. 1351년, 원나라에서 고려로 돌아와 왕의 자리에 올랐지. 고려를 떠난 지 꼭 10년 만에 돌아온 거야. 한 나라의 왕이 왜 그토록 오래 나라를 떠나 있었던 걸까?

원나라는 중국 땅에 몽골이 세운 나라야. 앞에서 몽골이 얼마나 무시무시한 기세로 영토를 넓혀 나갔는지 이야기했지? 몽골은 아시아와 유럽에 걸친 넓은 지역을 차지하고서 이제 자기네가 중국의 왕조를 잇는다며 원나라를 세웠어. 그러니 이제부터 우리도 몽골 대신 원나라라고 부르자.

원나라의 오랜 침입으로 고통받았던 고려가 원나라와 화해하면서, 강화도로 피신했던 고려 왕은 개경으로 돌아왔어. 그러나 이때부터 고려의 왕자들은 원나라에 가서 살아야 했어. 원나라의 요구 때문이었지. 원나라에서 지내다가 원나라 공주와 혼인을 하고, 왕이 되면 비로소 고려에 와 나라를 다스릴 수 있었던 거야.

다시 말해 고려 왕이 원나라 황제의 사위가 되는 것이지. 원나라의 속셈은 뭐였을까? 생각해 봐. 사위가 장인에게 함부로 맞서 싸울 수는 없잖아. 또 공주가 아들을 낳아 고려의 왕위를 잇는다면? 원나라의 피가 흐르는 왕이니까 원나라에 더욱 잘하겠지? 또 원나라 공주가 고려의 왕실에 있으니 원나라가 원하는 대로 감시할 수도 있을 거야.

그렇게 해서 고려의 제25대 충렬왕, 제26대 충선왕, 제27대 충숙왕, 제28대 충혜왕, 제29대 충목왕, 제30대 충정왕, 제31대 공민왕까지 일곱 명의 임금이 원나라 왕실의 사위가 되거나 원나라가 선택하여 왕이 되었어.

혹시 뭔가 공통점을 찾았니? 공민왕을 제외하고는 이름이 모두 '충' 자로 시작하네. 원나라에 충성한다는 뜻이야.

아, 참 안타깝고 슬픈 일

이야. 화가 나고 창피하다는 생각도 들고……. 하지만 이 또한 우리의 역사야. 부끄럽다고 감추려 하기보다 솔직히 인정하고 다시 그런 일이 생기지 않도록 해야겠지?

◇ ◇ ◇

공민왕도 다른 왕들처럼 10대의 대부분을 원나라에서 보내고, 스물두 살에 고려에 돌아왔어. 그는 돌아올 때 한 가지 다짐을 했지.

'이대로는 안 돼. 고려를 개혁해서 강한 나라로 만들어야 해.'

그래서 고려에 돌아온 뒤 원나라의 옷을 벗고 고려의 옷으로 갈아입었어. 그동안 다짐해 온 자신의 의지를 행동으로 보여 준 거야. 이제 더 이상 원나라의 뜻대로 움직이지 않겠다고!

그러다 원나라가 다시 쳐들어오면 어떻게 하냐고? 걱정하지 마. 지혜로웠던 공민왕은 원나라에 있으면서 그들의 힘이 점점 약해지고 있다는 것을 눈치챘거든.

"지방 장관들이 올리는 건의와 보고는 반드시 직접 보겠소."

공민왕은 이처럼 원나라의 눈치를 보지 않고, 자신이 직접 나라를 다스린다는 뜻을 분명

원나라? 흥! 이제 내가 당당하게 고려를 다스리겠다.

히 했어.

사실 고려는 오랫동안 임금이 제 역할을 하지 못하고 있었어. 무신의 난이 일어난 뒤에는 무신들이, 원나라의 지배를 받고부터는 원나라가 고려를 실질적으로 다스려 왔지. 그러다가 공민왕이 직접 나라의 중요한 결정을 내리겠다고 선언한 거야.

왕이 있는 나라에서 왕이 나라를 다스린다는 건 당연한 일인데, 180년 동안이나 고려의 왕들은 이름뿐인 허수아비 왕이었으니…….

당시 고려를 좌지우지했던 사람들은 친원파, 그러니까 원나라랑 가까운 관리들이었어. 그중에서도 원나라의 제2황후인 기황후의 가족, 친척들이 권력을 쥐고 있었지.

기황후가 누구냐고? 기황후는 고려의 여인인데, 원나라에 공녀로 갔다가 황제의 마음을 사로잡아 황후˚의 자리에까지 오른 사람이야.

아, 그럼 또 공녀는 뭐냐고? 원나라는 그동안 고려에 많은 것을 요구했어. 도자기, 인삼, 금 같은 물건과 말, 매 같은 동물도 보내 달라고 했고, 심지어는 고려의 젊은 처녀들도 많이 데려갔지. 이렇게 원나라에 끌려간 고려 여인들을 공녀라고 해. 공녀는 보통 군인의 아내가 되거나 황실의 궁녀, 또는 귀족의 하인이 되었어.

기황후 역시 공녀였는데, 총명하고 아름다워 원나라 제2황후에까지 올랐지. 그렇게 되자 가장 기뻐했던 사람은 그의 아버지와 형제들이었어. 고려의

황후 황제의 아내

왕도 두렵지 않을 만큼 커다란 권력을 쥐게 되었으니까. 이들은 큰 권력을 이용해 온갖 횡포를 부리며 백성들을 괴롭혔어.

　공민왕은 이들을 과감히 몰아내고, 원나라가 고려의 정치에 간섭하기 위해 세운 관청도 없앴어. 원나라에 빼앗긴 영토도 되찾았지.

　기황후는 그런 공민왕을 왕의 자리에서 쫓아내고 싶었어. 그리하여 공민왕 대신 공민왕의 숙부인 덕흥군을 고려의 왕으로 삼겠다며 그와 함께 1만 명의 원나라 군사들을 고려로 보냈지.

　공민왕이 왕위를 빼앗겼냐고? 천만에. 다 쫓아 버렸어. 그때 원나라

공민왕(1330~1374)
고려의 제31대 임금. 원나라의 오랜 간섭에서 벗어나고, 고려의 정치를 개혁하기 위해 많은 노력을 기울였다.

는 이미 힘이 약해져 있었던 데다, 홍건적˚이라는 무리가 반란을 일으켜 나라가 휘청거릴 지경이었거든.

◆◆◆

이 기세로 공민왕의 개혁이 성공했다면 고려의 역사, 아니 우리나라 역사 전체가 바뀌었을 거야.

하지만 공민왕에게는 넘어야 할 산이 많았어. 우선 조정 안에 적들이 너무 많았어. 대표적인 친원파들을 죽이거나 옥에 가두기는 했지만, 이미 오랜 세월 원나라 편을 들며 권세를 누려 온 귀족들이 너무나 많았던 거야.

엎친 데 덮친 격으로 북쪽에서는 홍건적이, 남쪽에서는 왜구˚가 침입해 와 나라를 혼란에 빠뜨리기도 했고.

게다가 왕비를 잃는 슬픔까지 겪어야 했어. 공민왕도 원나라 공주와 혼인을 했는데, 공민왕의 부인인 노국대장 공주는 지금까지의 원나라 공주들과는 달랐어. 공민왕을 진심으로 사랑했고, 원나라에 맞서는 공민왕의 편을 들어 주었지.

공민왕도 이러한 왕비를 진심으로 사랑했어. 그런데 혼인한 지 8년이 지나도록 둘 사이에는 아이가 없었어. 그러

홍건적 원나라에 반대해 일어난 농민 반란군
왜구 우리나라와 중국을 약탈하던 일본 해적

다 왕비가 어렵게 아이를 가졌는데, 아이를 낳다가 그만 죽고 만 거야.

공민왕은 나랏일을 돌보지 못할 만큼 슬퍼했다고 해. 그래서 자신을 대신해 고려의 개혁을 맡을 인물로 신돈이라는 승려를 뽑았지. 신돈은 신분이 높지 않고, 욕심이 없을 뿐만 아니라 친한 친척도 없었어. 그러니 소신껏 개혁을 추진하며 나라를 잘 이끌 것이라 기대한 거야.

신돈은 우선 당시 권력을 쥐고 있던 세력들을 쫓아냈어. 억울하게 토지를 빼앗긴 백성에게는 토지를 돌려주고, 강제로 노비가 된 사람들은 양인으로 신분을 되돌려 주었지. 또 과거를 통해 성리학을 공부한 선비들을 뽑아 새로운 정치 세력으로 키워 나갔어.

음, 제법 정치를 잘해 나간 것 같네. 그런데 신돈의 세력이 점점 커지자 신돈에 반대하는 세력들의 목소리도 높아졌어.

권세를 누려 온 귀족들은 당연히 신돈을 미워했고, 심지어 신돈이 뽑은 젊은 선비들까지 신돈에 반대하기 시작했어. 자신들이 공부한 성리학은 유학의 한 분야인데, 신돈은 불교를 믿는 승려잖아. 공민왕도 신돈이 너무 잘나가니 위협을 느꼈던 것 같고.

결국 공민왕은 신돈을 반역죄로 처형했어.

그런데 신돈이 죽고 얼마 지나지 않아 공민왕도 가까운 신하에게 죽임을 당하고 말아. 당시 공민왕의 나이 마흔다섯. 죽음을 맞이하기에는, 그리고 개혁을 끝내기에는, 아까운 나이였지.

고려의 역사를 전하는 책에 따르면, 신돈은 나라를 망친 중이라고 해. 공민왕은 처음에는 고려를 개혁하려 노력했지만 왕비가 죽은 뒤부터는 타락한 왕이 되었다 하고. 그런데 이걸 그대로 믿기는 어려워.

왜인지 짐작이 가지? 이 기록은 고려를 무너뜨리고 조선을 세운 사람들이 남긴 것이기 때문이야. 신돈과 공민왕이 매우 훌륭했다고 쓰면 고려를 무너뜨린 자기들이 나쁜 사람이 되는 거잖아.

공민왕이 죽고 난 뒤, 고려는 빠르게 무너져 버렸어. 고려를 살릴 수 있는 마지막 인물은 어쩌면 공민왕이었는지도 몰라. 만일 공민왕이 개혁을 성공시켰다면, 노국대장 공주가 그렇게 일찍 죽지 않았다면, 우리 역사는 어떻게 됐을까?

복습하는 인물 연표

1351년	1356년	1364년	1365년	1366년	1374년
공민왕이 고려 제31대 임금이 되었다.	공민왕이 원나라 관청을 없애고, 옛 영토를 되찾았다.	고려로 들어오려는 덕흥군과 1만 명 원나라 군사들을 쫓아 버렸다.	노국대장 공주가 아이를 낳다가 죽었다.	공민왕이 등용한 신돈이 개혁 정치를 폈다.	공민왕이 신하들에게 죽임을 당했다.

두 나라 문화의 전래, 몽골풍과 고려양

고려가 원나라의 간섭을 받던 시기에는 원나라의 공주가 고려의 왕비가 되고, 고려의 여인들이 원나라에 공녀로 끌려가는 등 원나라와 고려 사이에 오가는 사람들이 많았어. 그러자 자연히 두 나라는 서로의 풍속과 문화를 주고받게 되었지.

원나라의 공주와 공주를 모시는 사람들이 고려의 궁궐에 들어오면서 고려에는 원나라의 옷이며, 장신구, 머리 모양 등이 유행했는데, 이것을 '몽골풍'이라고 해.

전통 혼례식 때 신부의 머리에 쓰는 '족두리', 볼과 이마에 찍는 '연지', '곤지'도 원나라의 영향을 받은 거야. 또 왕과 왕비를 부를 때 쓰는 말 '마마', 왕이 먹는 음식을 뜻하는 말 '수라', 궁에서 일하는 여성을 부르는 말 '무수리'도 마찬가지로 원나라에서 왔고.

한편 고려의 문화도 원나라에 전해졌어. 특히 기황후가 황제의 사랑을 받으면서 원나라에서는 고려 여인의 옷, 신발, 모자가 유행했지. 떡과 고려식 만두 같은 음식도 널리 전해졌고. 이렇게 원나라에서 유행한 고려의 문화는 '고려양'이라고 해.

> ◀◀ 🎞️ 원나라에 사신으로 갔던 문익점은 고려로 돌아오면서 목화씨를 가져온다.
> 그 뒤 목화로 만든 옷감이 널리 퍼지면서 고려 의복에 커다란 변화가 생긴다.

문익점,
고려에 목화씨를 들여오다

왕건부터 공민왕까지 파란만장했던 고려의 정치를 알아보느라 정신없이 달려왔지? 이번에는 고려 시대 백성들의 모습을 살펴볼 거야. 그중에서도 당시 백성들이 입었던 옷에 대해 이야기해 줄게.

고려 시대 사람들은 명주, 모시, 삼베 같은 것으로 옷을 만들어 입었어.

명주는 누에고치에서 뽑아낸 실로 만든 옷감으로, 비싸고 귀해서 일반 백성들은 혼례식 때나 입어 볼 수 있었어. 모시풀에서 얻는 모시는 실을 얻기까지 힘이 많이 드는 데다 너무 얇았고.

일반 백성들에게 가장 익숙했던 옷감은 삼베였어. 삼베는 '대마'라고도 부르는 '삼'이라는 풀로 만드는데, 삼은 우리나라에서 매우 잘 자라. 그래서 고조선 때부터 우리나라 백성들은 주로 삼베로 옷을 만들어 입었지.

혹시 여름에 삼베로 만든 옷이나 이불을 본 적이 있니? 삼베는 가는 구멍이 숭숭 나 있어 꼭 모기장처럼 생겼어. 삼베는 올이 성글고 거칠어서 여름에는 더할 나위 없이 시원하지만, 겨울을 나기에 좋은 옷감은 아니야.

하지만 고려 시대까지 가난한 백성들은 이런 삼베로 한겨울의 추위를 견뎌야 했어. 왕족이나 귀족들은 따뜻한 동물의 가죽이나 부드러운 명주로 만든 옷을 입었지만 말이야.

그러다 고려 말, 문익점이라는 사람이 원나라에서 목화씨를 갖고 오면서 고려 백성들의 옷은 확 달라졌어. 목화에서 얻은 솜을 가지고 비로소 따뜻한 옷을 지어 입을 수 있게 된 거야.

기록에는 문익점 이전에도 우리나라에서 목화가 재배되었고, 그것으로 옷을 지어 입었다고 해. 그러나 이때의 목화는 원나라에서 온 목화와 종류가 달라서 목화솜이 많이 생산되지 않았고 질도 떨어졌어.

◈ ◈ ◈

 자, 다시 문익점 이야기로 돌아가자.

문익점은 1329년, 지금의 경상남도 산청군에서 태어났어. 서른 살에 과거에 급제했고, 그다음에는 원나라로 가는 사신* 일행에도 뽑혔지.

당시 임금은 공민왕이었어. 공민왕은 고려 정치에 간섭하는 원나라를 몰아내고 자주적으로 나라를 다스리려 했다고 앞에서 이야기했지? 당연히 원나라는 공민왕을 싫어했어. 그래서 급기야는 공민왕을 내쫓고 원나라에 머물고 있던 왕족 덕흥군을 고려의 새로운 왕으로 앉히려고까지 했지.

문익점 일행이 원나라에 도착한 지 얼마 되지 않아서야. 덕흥군은 고려의 새 왕이 되기 위해 원나라 군사 1만 명과 함께 고려로 향했어. 그러나 국경 근처에서 최영과 이성계가 지휘하는 고려군에게 보기 좋게 패배한 그는 결국 고려로 들어가지 못했지.

그런데 이때 문익점을 비롯해 고려의 사신들 대부분은 덕흥군 편을 들었어. 왜일까? 글쎄, 원나라가 그렇게 하라고 시킨 건지, 아니면 원나라의 힘을 너무 믿은 건지 정확히는 알 수 없어.

다음 해 문익점은 고려로 돌아왔어. 공민왕의 편을 들지 않았던 일 때문에

사신 임금의 명령을 받고 외국에 사절로 가는 신하

큰 벌을 받을지도 모르는 상황이었지. 실제로 고려로 돌아와 고향으로 갔던 것을 보면, 아마 벼슬에서 물러나 있었던 것 같아.

이때 원나라에서 돌아오면서 문익점은 매우 귀한 물건을 한 가지 가지고 왔어. 그게 바로 목화씨야!

원나라에 사신으로 가 있으면서 문익점은 그 나라 사람들이 입고 있는 따뜻한 옷감을 눈여겨보았어. 그리고 추운 겨울이면 고생하는 고려의 백성들을 생각했지.

그는 목화씨 열 개를 얻어 고려로 소중히 가져왔어. 그것을 어디서 구했는지는 몰라. 하얀 솜을 주렁주렁 매달고 있는 목화밭을 지나다가 그 밭 주인에게 조금 얻었는지, 아니면 직접 따 왔는지도 모르지.

문익점의 일화는 잘 알려져 있어서 아마 한번쯤 들어 본 적이 있을 거야. 왜, 동화나 그림책에도 많이 나오잖아. 문익점이 목화씨를 몰래 훔쳐서 붓의 뚜껑에 넣어 국경을 넘어왔다는 이야기 말이야. 엄마도 얼마 전까지는 그렇게 알고 있었어.

그런데 고려 말이나 조선 초의 기록들을 찾아보면 그냥 '얻어 갖고' 왔다거나 '주머니에 넣어 가져 왔다.'고 되어 있어.

아마 문익점이 목화씨를 가져왔다는 사실을 전하면서, 좀 더 흥미진진한 이야기를 덧붙인 것 같아. 스파이처럼 아무도 모르게 목화씨를 붓의 뚜껑에 넣은 다음, 행여나 들킬까 가슴 졸이며 비밀스레 고려에 들여왔다는 이야기는 왠지 아슬아슬하고 재미있잖아.

하지만 우리는 좀 덜 재미있더라도 정확한 사실을 알자. 그렇게 어려운 과정을 거치지 않았더라도 문익점이 겨울철 추위에 떠는 고려 백성들을 위해 목화씨를 가져왔다는 사실, 그 하나만으로도 충분히 의미가 있으니까.

고려에 돌아온 문익점은 고향으로 내려가서 장인인 정천익과 함께 목화씨를 심어 길렀어.

그런데 목화를 어떻게 재배하는지 몰라서 첫 해에는 거의 다 말라 버렸다고 해. 가져온 목화씨 열 개 가운데에서 성공한 것은 딱 한 개뿐이었어. 목화는 따뜻한 지방에서 자라는 식물이기 때문에 우리나라의 기후에 맞춰 키우고, 거기서 씨를 얻는 게 쉬운 일은 아니었을 거야. 갓난아이 보살피듯 정성스레 공을 들이고서야 겨우 재배에 성공했지.

문익점(1329~1398)
고려 말 사신. 중국 원나라에서 가져온 목화씨에서 솜을 얻어 따뜻한 옷감을 만들었다. 이로써 고려 백성들의 의생활에 큰 도움을 주었다.

한 송이의 목화에서 씨를 받아 낸 문익점과 정천익은 다음번에는 여러 송이의 목화를 얻을 수 있었어. 그렇게 3년이 지난 뒤에는 이웃들에게 씨를 나눠 줄 수 있을 만큼 큰 성공을 거두었지.

　그러나 이걸로 다 끝난 건 아니었어. 열매만 있으면 뭐해? 여기서 실을 뽑아 옷감을 만들어야 하는데, 그 방법이 또 그리 만만한 게 아니야.

　문익점은 정천익과 함께 열매 안의 솜을 빼내는 방법과 목화 솜뭉치에서 실을 뽑는 기술을 연구했어. 마침 이때 정천익의 집에 중국에서 온 홍원이라는 승려가 머물고 있어서 이 사람에게 도움을 받았대.

　그렇게 둘은 드디어 따뜻하고 부드러운 옷감을 얻을 수 있었어.

　아, 그러고 보니 목화를 재배하고 옷감을 얻는 데 문익점과 나란히 칭찬해 주어야 할 인물이 있네. 그래, 바로 장인인 정천익 말이야. 원나라에

서 목화씨를 가져온 것은 문익점이지만, 그 씨를 심어 꽃을 피우는 데 성공한 건 정천익이었어. 또 씨에서 옷감을 얻는 방법도 함께 연구했으니 우리가 문익점의 이름만 기억한다면 좀 섭섭하겠다.

◆◆◆

아무튼 목화솜에서 얻은 무명이라는 옷감은 곧 온 나라에 퍼졌어.

무명은 삼베보다 따뜻하고 부드러울 뿐만 아니라 삼베를 만드는 것보다 힘이 훨씬 덜 들었어. 5분의 1 정도의 노력이면 같은 면적의 무명을 만들 수 있었다니 그야말로 엄청난 일이지.

게다가 겨울철을 따뜻하게 지낼 수 있게 해 주는 솜까지 얻을 수 있으니 당시 사람들에게는 거의 혁명적인 일이었을 거야. 오늘날의 세탁기나 냉장고처럼 생활의 질을 높여 준 거지. 설마 그 정도겠냐고? 더했을지도 몰라. 추위를 견디는 것은 생존의 문제니까.

그 뒤 조선은 목화 재배 기술이 없는 일본에 무명을 팔아서 엄청난 은을 벌어들이기도 했어. 중국에서 들어온 목화가 이제는 조선의 중요한 수출 상품이 된 거야.

나라에서는 이처럼 고려 백성들의 삶에 큰 도움을 준 문익점에게 상을 주었어. 그가 죽은 뒤이기는 하지만 조선에서는 으뜸 벼슬인 영의정 벼슬을 내리기도 했지.

1329년	1363년	1364년	?	?	1440년
지금의 경상남도 산청군에서 문익점이 태어났다.	문익점이 사신으로 원나라에 갔다.	원나라에서 얻은 목화씨를 가지고 고려로 돌아왔다.	문익점이 장인 정천익과 함께 목화 재배에 성공했다.	목화에서 무명 옷감을 얻는 데 성공했다.	문익점이 죽은 지 42년 뒤인 세종 때 영의정 벼슬을 받았다.

물레와 무명을 만든 주인공은?

문익점이 죽은 뒤 400년쯤 지나서 쓰인 책을 보면, 문익점의 아들과 손자에 대한 이야기가 나와.

문익점의 아들 문래가 목화에서 실을 뽑는 기구를 만들었으며, 그 기구의 이름을 자기 이름인 문래에서 따와 '물레'라고 지었다고 말이야. 또 문익점의 손자 문명은 베틀을 만들어 목화에서 얻은 실로 옷감을 짰대. 그래서 '무명'이라는 말은 손자 문명의 이름에서 비롯되었다고 하지.

그런데 말이야, 이 책에 쓰인 말을 그대로 믿기는 좀 어려워.

문익점이 죽고 얼마 안 되어서 나온 기록을 보면 이와는 다른 주장이 담겨 있거든. 이 기록에서는 문익점이 원나라 승려 홍원에게서 실 뽑고 베 짜는 법을 배웠다고 해.

음, 어떤 게 맞을까? 아무래도 사건이 일어난 때로부터 가까울 때 쓴 기록이 정확하지 않을까? 문익점이 가져온 목화가 워낙 백성들에게 많은 사랑을 받았고, 문익점의 업적을 칭찬하는 목소리가 이어지자, 이런저런 이야기들이 덧붙여진 것 같아.

그의 아들 문래와 손자 문명의 이야기도 아마 그렇게 나온 것이 아닐까 싶어.

> 고려 말, 남쪽 지방은 왜구가 자주 침입해 피해가 컸다. 이를 보고 자라난 최무선은 당시 최첨단 무기인 화약을 스스로 개발해 왜구를 물리치는 데 크게 기여한다.

최무선,
고려의 최첨단 무기를 개발하다

고려 말, 사회는 무척이나 혼란스러웠고 그 속에서 가장 고통스러운 건 백성들이었어. 북쪽에서는 홍건적이 내려오고, 남쪽에서는 왜구들이 쳐들어와 백성들의 시름은 끊일 날이 없었지. 특히 일본의 해적 왜구는 고려의 가장 큰 골칫거리 가운데 하나였어.

쓰시마 섬이나 규슈 북부 지방에 살던 왜구들은 신라 말부터 가끔씩 우리 땅으로 건너오곤 했어. 땅이 좁고 먹을 것이 없어 식량을 훔치러 왔던 거야. 그런데 고려 말이 되어서는 그 정도가 아주 심해졌어.

대규모 인원이 수백 척의 배를 타고 바닷가 마을뿐 아니라 육지 깊숙이까지 쳐들어와서는 사람을 마구 죽이고 식량을 노략질*해 갔어. 지방에서 세금을 거둬 서울로 올라가는 배들을 공격하기도 하고, 고려 사람들을 잡아다 노예로 팔아먹기도 했지.

빠른 배를 타고 나타났다가 도적질을 하고는 금방 달아나는 왜구들을 막지 못해, 고려 백성들의 피해는 커져만 갔어.

최무선이 태어나 자란 경상북도 영천도 왜구의 피해가 심했어. 그래서 최무선은 어릴 때부터 못된 왜구들을 어떻게 하면 물리칠 수 있을까 고민하는 일이 많았지. 그는 공자님 말씀이 적힌 책보다 전쟁에 대한 책을 좋아했고, 무기에도 관심이 많았어.

 최무선에게 어느 날 이런 생각이 떠올랐어.

'화약만 만들 수 있다면, 왜구를 막을 수 있을 텐데…….'

당시 고려의 무기는 칼, 창, 활이 대부분이었는데, 이것으로는 배를 타고 재빨리 돌아가는 왜구를 막아 내기 어려웠거든. 최무선은 왜구를 막는 가장 좋은 방법은 화약이라고 확신했어.

중국에서는 일찍이 화약을 만들어 쓰고 있었고, 고려도 화약의 위력을 잘 알고 있었어. 중국에서 만든 화약과 화약 무기를 수입해서 사용하기도 했고 말이야.

노략질 무리를 지어 다니며 사람을 해치고 도둑질을 하는 것

그런데 중국은 화약을 조금씩 팔기는 했지만 화약 만드는 방법은 절대 알려 주지 않았어. 당시 화약이 최첨단 무기였기 때문에 다른 나라에 기술이 알려지는 걸 엄격히 막은 거야.

할 수 없이 최무선은 혼자 화약을 연구하기 시작했어. 자신의 돈을 들여 가며 실험을 하고 또 했지.

화약을 만들려면 숯, 유황, 염초가 있어야 했어. 숯과 유황은 어렵지 않게 구할 수 있었지만, 염초를 만드는 것이 문제였어.

염초를 만들려면 우선 담장 밑이나 온돌 밑에 있는 흙을 가져다 재, 소변과 섞은 뒤 여기에 말똥을 덮어. 말똥이 마르면 다시 태워서 가루를 얻어야 하고. 그럼 끝이냐고? 아니. 이렇게 얻은 가루를 물에 타서 거른 뒤 세 번 끓여 식혀야 비로소 염초가 완성되는 거야.

에구, 참 복잡하기도 하고 더럽기도 하다. 염초에 무엇이 들어가는지 안다고 해도 재료의 비율이나 만드는 과정이 이토록 복잡하다 보니 몇 년 동안 계속 실패만 했어.

그러던 1372년, 가뭄에 단비 같은 소식이 들려왔어. 중국에서 온 이원이라는 사람이 염초 만드는 법을 알고 있다는 거야. 최무선은 이원을 자기네 마을로 초대하고는 극진히 대접했어. 그러면서 천천히, 진심을 다해 설득했지. 왜 자신이 화약을 만드는지에 대해서 말이야.

최무선의 진심이 전해진 걸까? 이원은 염초 만드는 비법을 가르쳐 주었고, 얼마 뒤 최무선은 화약을 만드는 데 드디어 성공했지.

화약 실험에 성공한 최무선은 고려 조정으로 달려가 알렸어.

"왜구를 막을 화약을 만들었습니다."

그리고 화약을 계속 만들어 낼 수 있도록 관청을 세워 달라고 했어. 대량으로 만들어서 왜구의 침입에 대비하자는 것이었지.

처음에는 최무선의 말에 귀를 기울이지 않던 조정에서 마침내 화통도감이라는 관청을 만들어 주었어. 최무선은 화통도감의 책임자가 되어 부지런히 화약을 만들었어. 화약뿐 아니라 화약을 이용하는 신무기도 발명했고.

이때 화통도감에서 만든 무기들은 18가지나 돼. 대장군, 이장군, 삼장군, 육화석포, 화포 같은 총도 만들고, 화전, 철령전, 피령전 같은 발사대도 만들었어. 또 천산오룡전, 유화, 주화도 만들었고.

이 가운데 주화는 '날아가는 불'이라는 뜻인데, 얼핏 보면 화살 같지만 통 안에 있는 화약을 태워 그 추진력으로 날아가는 무기야. 로켓의 원리와 같지. 당시로 보면 최첨단 무기를 개발한 거야. 뿐만 아니라 최무선은 이런 무기들을 사용할 부대도 만들었어. 왜구의 침략에 대한 대비가 거의 완성된 셈이었지. 이제 왜구가 오면 배를 불태우고 깨부수는 일만 남아 있었어!

그러나 최무선은 여기에서 멈추지 않고, 도망가는 왜구를 쫓아갈 계획까지 세웠어. 그래야 다시는 고려에 쳐들어오지 못할 테니까.

도망가는 왜구의 배를 쫓으려면 우리에게도 배가 필요하겠지? 또 우리 배에 화포를 실을 수 있다면, 쫓으면서 포를 쏠 수도 있지 않을까? 그때까지만 해도 전 세계 어디에도 화포를 장착한 배는 없었어. 최무선의 생각은 그야말로 획기적인 아이디어였던 거야.

그러나 당시 고려의 배는 무거운 화포나 많은 포탄을 실을 수 없었어. 그래서 포기했냐고? 천만에! 연구를 계속해 무거운 무게를 견디고, 화포를 쏠 때 생기는 흔들림에도 끄떡없는 전함을 만들었지. 이 전함에는 화약에 습기가 차는 것을 막는 장치까지 갖추었대.

자, 이제 정말로 모든 준비가 끝났어. 화포로 무장한 100척의 전함, 화약 무기를 다루는 데 익숙한 3,000명의 부대까지 갖춰졌지.

마침 그 무렵, 왜구의 배 500척이 진포로 몰려온다는 보고가 올라왔어. 고려 조정은 화약 무기를 실험할 좋은 기회라 생각하고, 최무선을 부대장으로 임명해 금강 하구에 위치한 진포로 가라는 명령을 내렸어.

드디어 출동! 최무선은 화약과 무기를 전함에 싣고 진포로 향했어.

진포에 도착해 보니 왜구들은 배가 파도에 쓸려 가지 못하도록 밧줄로 서로 묶어 둔 채 육지로 올라와 마구 노략질을 하고 있었어.

왜구의 배는 500척, 고려의 배는 100척. 5대 1로 불리했지만 고려에는 최첨단 무기들이 있었지. 고려의 배에서 왜구의 배로 불화살이 날아가자, 서로 묶여 있던 왜구의 배들은 순식간에 타 버렸어. 허겁지겁 육지로 도망치던 왜구들은 젊은 장수

이성계가 모두 무찔렀고! 싱거울 만큼 간단한 승리였어.

　이 전투 뒤로 한동안 왜구들은 고려의 바닷가에 나타나지 않았어. 바닷가에 사는 백성들은 다시 예전처럼 평화롭게 살 수 있었지.

　그렇게 왜구 문제가 다 해결되었을까? 완전히 끝난 건 아니었어.

　3년 뒤 왜구는 20여 척의 배를 타고 다시 나타났어. 이때 최무선은

이미 예순이 다 된 나이였지만 직접 전투에 나서 왜구를 몰아냈어. 그런 뒤 언제 또 문제가 될지 몰라 고려는 아예 왜구의 뿌리를 뽑기로 했어.

이때에는 박위가 100척의 함선을 가지고 나섰어. 그는 쓰시마 섬에 있는 왜구의 배들을 모조리 태우고, 그곳에 잡혀 있던 고려 사람들을 구했어. 이 승리의 바탕에는 물론 최무선이 개발한 화약 무기가 있었지.

최무선(1325~1395)
고려 시대 화약 발명가. 화약을 비롯해 여러 무기를 발명하고 왜구를 물리치는 일에 평생을 바쳤다.

❖❖❖

최무선은 6년쯤 더 관직에 있었지만, 왜구가 더 이상 침입하지 않으니 할 일이 없었어. 화통도감도 없어졌고, 화약을 만드는 일도 점점 줄어들었지. 새로운 무기를 더 만들 일도 없었고 말이야.

죽기 전에 자신의 기술을 누군가에게 전해 줘야 한다고 생각한 최무선은 집 안에 틀어박혀 화약 만드는 법과 사용하는 법을 기록해 나갔어. 왜구를 격퇴하는 장면을 그리기도 했고. 그렇게 쓴 책이 《화약수련법》인데, 안타깝게도 지금은 전하지 않아.

"아이가 자라면 이 책을 주어 익히게 하시오."

그가 세상을 떠날 때 아들인 최해산은 겨우 열다섯 살이었어. 화약 기술을 가르치기에는 어린 나이였지. 그러나 최해산은 어른이 되어 아버지가 평생 연구한 자료로 화약 제조와 응용법을 공부해 아버지의 뒤를 이었어. 최해산의 화약 기술은 나중에 세종 대왕이 쓰시마 섬을 정벌할 때 많은 도움이 되었지.

복습하는 인물 연표

1325년	1377년	1380년	1389년	1395년
경상북도 영천에서 최무선이 태어났다.	최무선의 건의로 화통도감을 세우고 화약과 무기를 만들었다.	최무선이 화약 무기로 진포에서 왜구를 물리쳤다.	박위가 최무선의 화약 무기로 쓰시마 섬의 왜구를 공격했다.	《화약수련법》이라는 책을 남기고 최무선이 세상을 떠났다.

조금 더 알아볼까?

최무선의 기술로부터 더욱 발전한 신기전

최무선이 만든 주화는 로켓의 원리를 이용한 무기라고 했지? 조선 세종 때에는 주화를 더 발전시켜 신기전이라는 무기를 만들었어. 신기전이 만들어진 건 1448년이야. 최무선의 아들인 최해산이 1430년대까지 화포 만드는 일을 했으니, 아마도 최무선에서 최해산으로 전해진 기술이 신기전까지 이어진 것으로 보여.

화살대 앞부분에 화약을 담은 통을 매단 주화를 발전시켜 소신기전, 중신기전, 대신기전 등을 만들었는데, 소신기전은 길이 110센티미터의 화살에 화약통을 달아서 150미터 정도를 날아가게 했다고 해. 중신기전은 화살 앞부분에 작은 폭탄을 달았고, 날아가는 거리는 250미터 정도 되었어. 대신기전은 화살 앞부분에 대형 폭탄을 매달았고, 날아가는 거리도 600~700미터나 되었지.

이렇게 화살 앞부분에 폭탄을 매달아 발사한 것은 신기전이 세계 최초야. 또 신기전은 화차를 이용해 한 번에 100발씩 쏠 수도 있었다니 정말 엄청나지?

신기전이 15세기 최첨단 무기로 조선의 국방에 많은 도움을 주었던 것은 최무선의 초기 연구가 있었기에 가능했던 일일 거야.

화살 앞부분에 폭탄이 달린 신기전은 최대 700미터까지 날아가는 엄청난 무기였어!

이 화차가 있으면 한 번에 100발씩도 쏠 수 있다고!

학습 정리 퀴즈

1 후삼국 시대를 열었던 사람과 도읍을 바르게 적은 것은 어떤 것일까? (　　　)

	세운 사람	도읍
후백제	㉮	㉰
후고구려	㉯	㉱

① ㉮ 견훤　㉯ 궁예　㉰ 완산주　㉱ 송악
② ㉮ 견훤　㉯ 왕건　㉰ 송악　㉱ 완산주
③ ㉮ 궁예　㉯ 왕건　㉰ 진주　㉱ 송악
④ ㉮ 궁예　㉯ 견훤　㉰ 송악　㉱ 진주

2 견훤은 죽기 직전에 다음과 같은 말을 남겼다고 해. 빈칸에 알맞은 사람은 누구일까? 고려를 세운 사람이라는 게 힌트야. (　　　)

"하늘이 나를 보내시며 어찌 ○○을/를 뒤따르게 하였는가. 한 땅에 두 마리 용은 살 수 없는 것이거늘……."

① 궁예　　　　② 왕건
③ 양길　　　　④ 공민왕

3 다음이 설명하는 '이것'은 무엇인지 맞혀 볼래? (　　　)

- '이것'은 원래 '지방에서 재산이 많고 세력이 강한 집안'을 가리켰다.
- 왕건은 '이것' 출신이다.
- 고려 시대에는 '이것'을 우대하는 정책을 폈다.

4 다음이 설명하는 사람은 누구일까? (   )

> - 후고구려를 세워 강원도, 경기도, 황해도, 충청북도까지 세력을 떨쳤다.
> - 견훤과 영토 경쟁, 외교 경쟁을 벌였다.
> - 자신이 미륵불이며, 관심법으로 사람의 마음을 읽을 수 있다고 주장했다.

5 다음 중 외세의 힘을 빌리지 않고, 우리 민족 스스로 이룬 최초의 통일 국가는 무엇일까? (   )

① 신라　　　　　② 고려
③ 조선　　　　　④ 대한민국

6 다음은 고려를 세운 왕건이 죽기 전에 남긴 유언 내용의 일부야. 이것을 무엇이라고 부르는지 아니? (   )

> - 불교를 중히 여길 것
> - 절을 함부로 짓지 말 것
> - 거란의 풍속은 본받지 말 것

① 8조법　　　　　② 경국대전
③ 훈요 10조　　　④ 대동법

7 다음 중 광종이 한 일이 <u>아닌</u> 것은 어느 것일까? (   )

① 양인이었다가 노비가 된 사람의 신분을 다시 양인으로 돌려주었다.
② 과거 제도를 실시했다.
③ 고려로 귀화한 사람들을 대우해 주었다.
④ 《삼국사기》를 편찬했다.

8 고려의 신분은 넷으로 나눌 수 있어. 각각의 신분과 그 설명을 짝을 맞추어 이어 보렴.

① 귀족 • • ㉮ 노비, 광대, 뱃사공 등
② 중류층 • • ㉯ 농민
③ 양인 • • ㉰ 궁궐 관리, 지방 향리, 하급 군인 등
④ 천민 • • ㉱ 왕족을 포함한 지배층

9 다음은 성종 때 만든 기구를 설명한 거야. 각각의 이름을 맞혀 볼래? (   )

> ㉮ 평소에 나라에서 곡식을 보관해 두었다가 흉년이 들면 백성들에게 곡식을 빌려 주는 기구
> ㉯ 풍년이 들었을 때 곡식을 사두었다가, 흉년이 들어 곡식 값이 오르면 싼값에 백성들에게 파는 기구

① ㉮ 상평창, ㉯ 의창 ② ㉮ 의창, ㉯ 상평창
③ ㉮ 국자감, ㉯ 성균관 ④ ㉮ 성균관, ㉯ 국자감

10 고려의 서희는 거란의 소손녕과 만나 담판을 지었어. 다음은 소손녕이 서희에게 한 말인데, 여기에 대해 서희는 뭐라고 대답했을까? (   )

> "당신네 나라는 옛 신라 땅에 세워졌고, 옛 고구려 땅은 이제 거란의 것이 되었는데 어찌하여 당신들이 그 땅을 차지하고 있는가?"

① "미안하오. 얼른 물러나겠소."
② "이왕 자리를 잡았으니 돈으로 그 땅을 사겠소. 얼마요?"
③ "우리는 고구려 후손이오! 거란이 옛 고구려 땅에 살고 있으니 당신들이 땅을 내놓으시오!"
④ "나는 모르는 일이오."

11 지금까지 전하는 우리나라 역사책 가운데 가장 오래된 것은 무엇일까?
(   )

① 《삼국사기》　　　　② 《삼국유사》
③ 《고려사》　　　　　④ 《조선왕조실록》

12 다음 중 《삼국사기》에 대한 설명으로 틀린 것을 골라 볼래? (   )

① 고구려, 백제, 신라 등 삼국의 역사를 기록한 책이다.
② 고려 시대에 펴냈다.
③ 김부식이 지었다.
④ 단군 신화를 기록한 최초의 책이다.

13 다음의 설명이 가리키는 사건을 뭐라고 부를까? (   )

- 고려 시대 의종 때 일어난 사건이다.
- 수박희를 하던 중에 문신이 무신의 뺨을 때린 것으로 시작되었다.
- 무신들이 문신들과 왕을 죽이고, 새로운 왕을 세웠다.

① 문신의 난　　② 무신의 난　　③ 왕자의 난　　④ 망이·망소이의 난

14 다음 중 만적에 대한 설명으로 옳지 않은 것을 골라 봐. (   )

① 최충헌의 사노비였다.
② "왕후장상의 씨가 따로 있겠는가?"라는 말을 남겼다.
③ 만적의 봉기가 성공해서 노비들이 모두 해방되었다.
④ 만적은 종이에 '정(丁)' 자를 써서 나눠 주었는데, 이 글자는 양인을 가리킨다.

15 몽골이 고려를 여러 차례 쳐들어오자 고려의 왕은 '이곳'으로 몸을 피하기로 했어. '이곳'은 어디일까? (   )

- '이곳'은 사방이 바다로 둘러싸여 있다.
- '이곳' 주변은 물살이 빠르고 배를 대기 어려워 몽골군이 공격하기 어려웠다.
- '이곳'은 한강과 가까워 세금을 거두기 유리했다.

① 독도   ② 진도   ③ 제주도   ④ 강화도

16 삼별초는 고려 시대의 군대로, 최우가 처음 만들었지. 삼별초를 만든 최초의 목적이 무엇이었는지 기억하니? (   )

① 백성들의 안전한 생활을 위해   ② 왜구에 맞서기 위해
③ 무신 정권을 보호하기 위해   ④ 몽골을 침략하기 위해

17 다음이 설명하는 '이 나라'는 어느 나라일까? (   )

- 고려 충렬왕, 충선왕, 충숙왕 등의 이름에 '충성할 충' 자가 들어간 이유는 '이 나라'에 충성한다는 뜻이다.
- 공민왕의 왕비도 '이 나라' 출신이다.
- '이 나라'에서는 고려의 젊은 처녀들을 많이 데려갔는데, 이 여인들을 공녀라고 한다.

① 일본   ② 원나라   ③ 당나라   ④ 로마

18 다음은 고려에 유행했던 원나라의 풍습인 몽골풍이야. 바르게 짝을 지어 볼래?

① 족두리 •   • ㉮ 왕과 왕비를 부르는 말
② 마마 •   • ㉯ 혼례식 때 신부의 머리에 쓰는 것
③ 수라 •   • ㉰ 왕이 먹는 음식

19 다음이 설명하는 옷감은 무엇일까? (   )

- 삼베보다 따뜻하고 부드럽다.
- 고려 시대에 문익점이 목화씨를 들여온 이후로 널리 퍼졌다.

① 가죽   ② 삼베   ③ 비단   ④ 무명

20 다음은 무명을 만드는 과정과 기구를 설명한 거야. 바르게 짝을 지어 볼래?

① 씨아 •　　　　　• ㉮ 실을 가지고 옷감을 짜는 기구
② 물레 •　　　　　• ㉯ 목화에서 씨를 빼내는 기구
③ 베틀 •　　　　　• ㉰ 목화솜을 가지고 실을 만드는 기구

21 최무선의 업적을 요약한 글이야. 빈칸에 알맞은 말은 무엇일까? (   )

최무선이 화약 개발에 성공하자, 조정에서는 (㉮)이라는/라는 관청을 세워 화약과 무기를 만들게 했다. 이 무기로 최무선은 진포에 쳐들어온 (㉯)을/를 크게 물리쳤다.

① ㉮ 화통도감, ㉯ 왜구　　　② ㉮ 국자감, ㉯ 왜구
③ ㉮ 화통도감, ㉯ 몽골　　　④ ㉮ 국자감, ㉯ 몽골

22 다음이 설명하는 무기의 이름이 무엇일까? (   )

- 최무선이 만든 주화를 발전시켜 만든 것이다.
- 세계 최초로 화살 앞부분에 폭탄을 매달아 발사했다.
- 한번 쏘면 멀게는 700미터까지 날아갔다.

① 화통도감   ② 신기전   ③ 육화석포   ④ 유화

찾아보기

ㄱ
강감찬 75
강동 6주 61, 68, 72, 74
강화도 100, 101, 103, 104, 106, 109
개경 63, 66, 67, 70, 74, 77, 79, 81, 96, 99, 101~104, 106, 107, 111
거란 15, 41, 43, 61, 64~75, 87
견훤 10~22, 28, 39, 40, 42
경종 54, 55, 61
《고려사》 42
고려양 119
고종 99
골품제 48
공녀 113, 119
공민왕 110~118, 120, 122
과거 제도 47, 48, 50, 53, 55
관심법 28~31, 33
광종 44~55, 63, 87
국자감 58
궁예 16, 22~39, 42
귀족 12, 21, 50, 53, 81, 88, 99, 113, 116, 117, 121
귀주 75
귀주성 99
귀화 50
금강 17
금나라 80, 99
금산사 17, 18
기마병 99
기황후 113, 114, 119
기훤 25
김부식 26, 76~84
김윤후 109

ㄴ
노국대장 공주 116, 118
노비 46, 47, 53, 86, 87, 90, 92~96, 109, 117
《논어》 57

ㄷ
단군 신화 85
덕흥군 114, 122
도교 63

ㅁ
마진 28
만적 86~96
망이·망소이의 난 97
명주 120, 121
명학소 97
모시 120
몽골 85, 98~110
몽골풍 119
묘청의 난 81, 84
무명 127~129
무신 88~93, 97, 101, 113
무신 정권 100~103, 108
무신의 난 90, 91, 93, 97, 98, 113
문신 88, 89, 97
문익점 120~129
물레 129
미륵불 28, 31, 33

ㅂ
박위 137
발해 40, 41, 50, 65, 66

배중손 98, 102~108

ㅅ
사노비 92
사르타이 109
《삼국사기》 26, 76, 77, 82, 84, 85
《삼국유사》 85
삼베 120, 121, 127
삼별초 102~108
상서성 58
상평창 60
서경 43, 66, 70, 79~81
서필 50, 51
서하 104
서희 51, 61, 64~74
성리학 117
성종 54~64, 66, 67, 87
소 97
소손녕 64, 66~72
송나라 65, 66, 70~74, 100
송악 26, 28, 35, 38
수박희 89
순정 95, 96
〈시무 28조〉 57
신검 17, 19
신기전 139
신돈 117, 118
신의군 102
쌍기 48, 50
쓰시마 섬 15, 130, 137, 138
씨아 126

ㅇ

안융진 67
압록강 61, 65, 71, 72
야별초 102
양규 74
양길 25, 28
양인 46, 47, 53, 93, 95, 117
여진 71~73, 80
연등회 43
염초 132, 133
오월 15
온 106
완산주 13
왕건 16~21, 28~32, 34~46, 55, 65, 72, 120
왕무 45
왕요 45
왕후장상 86, 87, 92
왜구 116, 130~138
요나라 65, 74
우구데이 99
우별초 102
원종 102~104
유교 54~58, 62~64, 87
의자왕 11
의종 88, 89, 91
의창 60
이고 90
이원 133
이의민 90, 91
이의방 90
이자겸 77~80
인종 77, 79~82

일연 85

ㅈ

정종 45
정중부 90
정천익 125~127
좌별초 102
주화 133, 134, 139
중류층 53
중서문하성 58
중앙 집권제 58
진도 106~107
진포 135

ㅊ

천민 53, 86, 91, 93, 100
최무선 130~139
최승로 57, 58
최우 99, 101, 102
최이 101
최충헌 91~93, 95, 98, 99, 102
최해산 138, 139
친원파 113, 116
칭기즈 칸 98, 99

ㅌ

태봉 28

ㅍ

팔관회 43, 56

ㅎ

혜종 45
호족 13, 14, 17, 21, 24, 26, 32, 35, 36, 38, 41, 44~47, 50~52, 55, 58
홍건적 116, 130
홍원 126, 129
화약 131~135, 138, 139
《화약수련법》 138
화통도감 133, 138
화포 133~135, 139
후고구려 16, 22, 28, 32, 34~36
후당 15
후백제 10, 11, 13~20, 22, 28, 35, 39, 40
후삼국 10, 16, 17, 21, 41, 46, 53
훈요 10조 43

사진 출처

19쪽 **금산사** - 연합포토

33쪽 **국사암 석조 여래 입상(궁예 미륵)** - 연합포토

42쪽 **고려 태조 왕건상** - 북한 문화재(평양 조선 역사 박물관)

56쪽 **공자상** - 위키피디아

74~75쪽 **귀주 대첩 기록화** - 전쟁기념관

85쪽 **《삼국사기》,《삼국유사》** - 서울대학교 규장각한국학연구원

116쪽 **공민왕과 노국대장 공주** - 국립 고궁 박물관

119쪽 **족두리, 댕기** - 국립 고궁 박물관

126쪽 **씨아, 물레** - 국립 고궁 박물관

127쪽 **베틀** - 국립 고궁 박물관

139쪽 **화차** - 두피디아

- 길벗스쿨은 이 책에 실린 사진의 출처를 찾기 위해 최선을 다했습니다. 누락이나 착오가 있다면 다음 쇄를 찍을 때 꼭 수정하겠습니다.

학습 정리 퀴즈 정답

1. ①
2. ②
3. 호족
4. 궁예
5. ②
6. ③
7. ④
8. ①-㉣, ②-㉢, ③-㉡, ④-㉠
9. ②
10. ③
11. ①
12. ④
13. ②
14. ③
15. ④
16. ③
17. ②
18. ①-㉡, ②-㉠, ③-㉢
19. ④
20. ①-㉡, ②-㉢, ③-㉠
21. ①
22. ②